実践！

ステップ 1

園防災まるわかり BOOK

ハザードマップを読み解く

hazard map

あなたの園は
だいじょうぶ？

全国の自治体が発表しているハザードマップを
じっくりと見たことがありますか？
ハザードマップを読み解くと、
あなたの園に必要な防災対策や、
「もしも」のときの初動対応の仕方が見えてきます。
そこでステップ１では、災害ごとの
ハザードマップの読み解きにチャレンジ！
併せて、国土交通省の
「ハザードマップポータルサイト」
（http://disapotal.gsi.go.jp/）で、
あなたの園の災害危険度をチェックしてみましょう。

同じ自治体内でも
地震直後の火災が心配なエリアと
集中豪雨での洪水危険度が高いエリアがあります。
Ａ園とＢ園は、安全な場所にどのように避難し
日ごろからどんな準備をしておけばよいでしょう？

火災

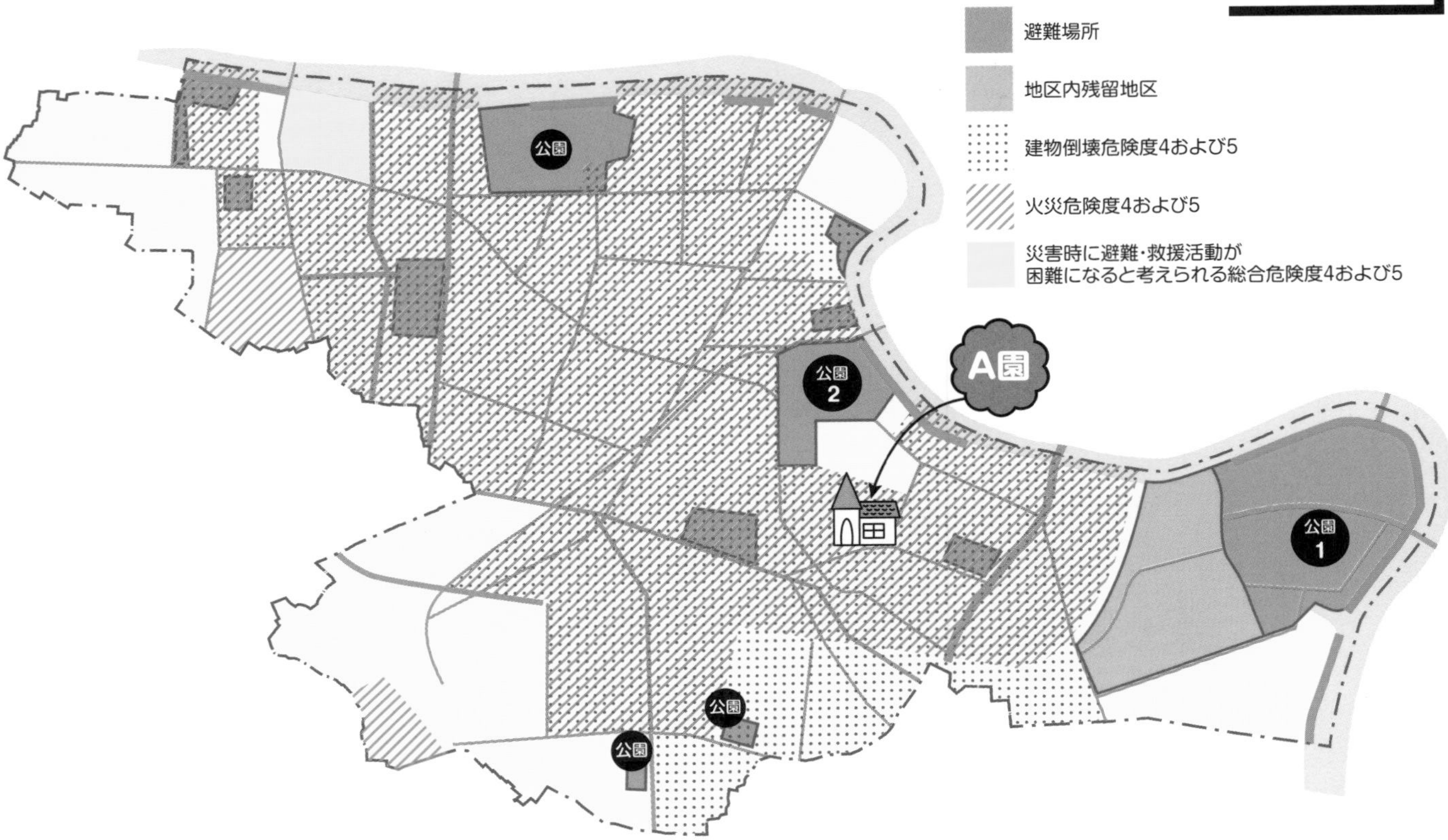

Q.1

震度６強の地震が発生!! 古い住宅街の中にあるＡ園は、どのような初動対応をとればよいでしょう？

A.

Ａ園は地震の揺れがおさまったあと、火災が発生し延焼する危険度が高いエリアにあります。**園は火に囲まれるおそれがあるため、揺れがおさまったら速やかに避難することが大切**です。

避難する際には、近くても火災危険地域に囲まれた 公園2 ではなく、遠くても広域避難所である 公園1 に直接避難しましょう。そのときの避難路は、道路幅の広さを確認し、ブロック塀や看板の倒壊など災害時の状況をイメージしながら、少なくとも二通り以上の安全な道を考えておきましょう。

うちの園も？
と思ったらココからチェック！
ステップ2
ステップ3
P40〜42

ステップ 1 ハザードマップを読み解く

各自治体発行のハザードマップであなたの園の災害リスクを知ろう！

洪水

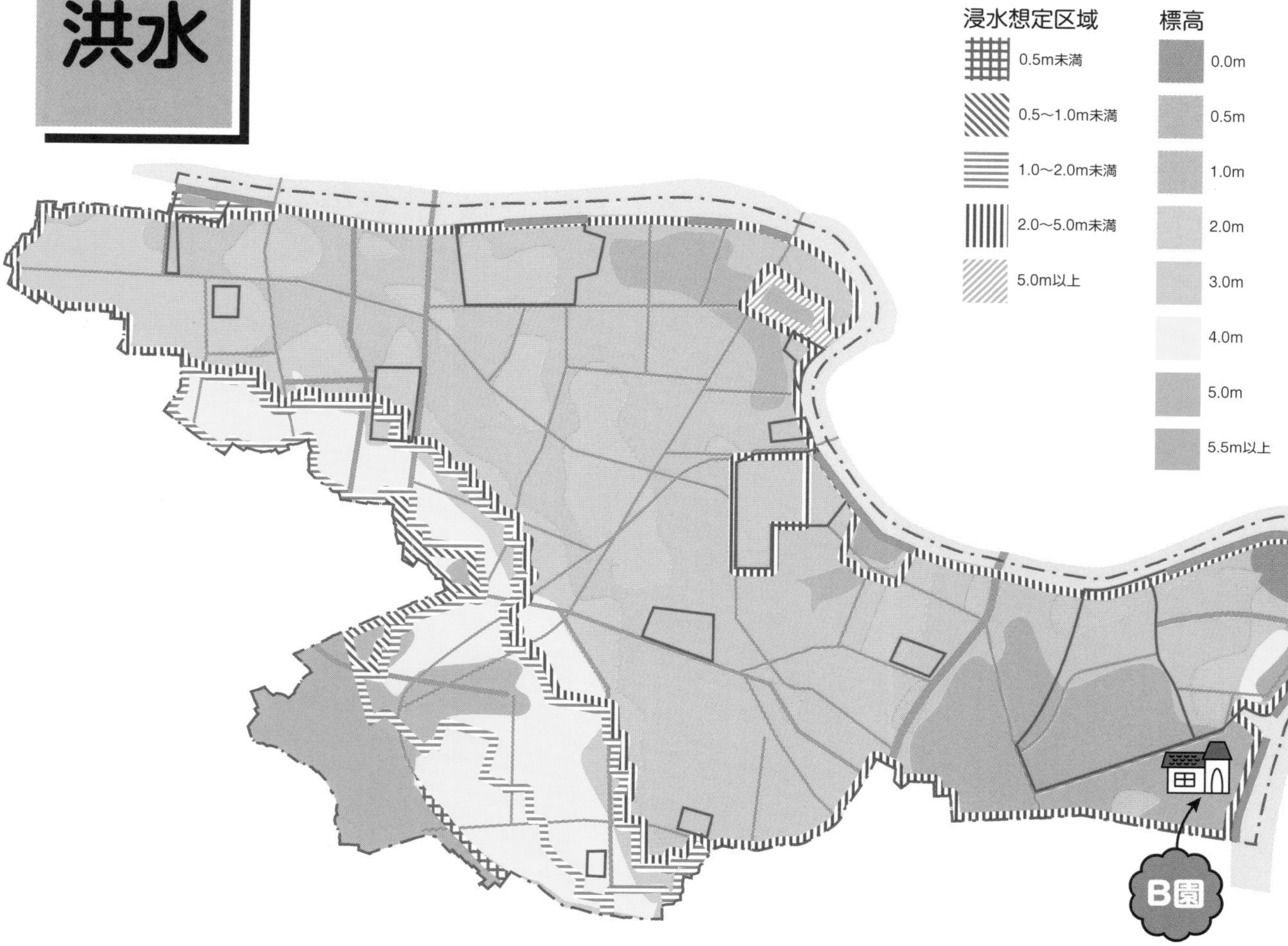

Q.2

台風の予報が出たとき、大きな河川沿いの海抜0m地帯にあるB園は、どのような対策をとればよいでしょう？

A.

大雨が降った場合には、近くの川の水位を気にしながら、気象情報をこまめに確認して避難の準備をしましょう。川下にあるB園の場合、雨量はたいしたことがないと思っていても、**川上にあるダムが放水し、近くの河川の水位が急激に上がることも**あります。そういった情報もこまめにチェックしましょう。

河川の水位が堤防を越えたときは、時間をかせぐために土嚢《どのう》を準備しておいて、園舎の防潮堤にします。子どもたちは、**速やかに園舎の上階に避難させましょう。**

うちの園も？
と思ったらココからチェック！
ステップ2
ステップ3 P36〜37

あなたの園はだいじょうぶ？

津波からの避難は１分１秒を争います。
逃げ遅れないためには
どのような避難計画を立てればよいでしょう？

津波

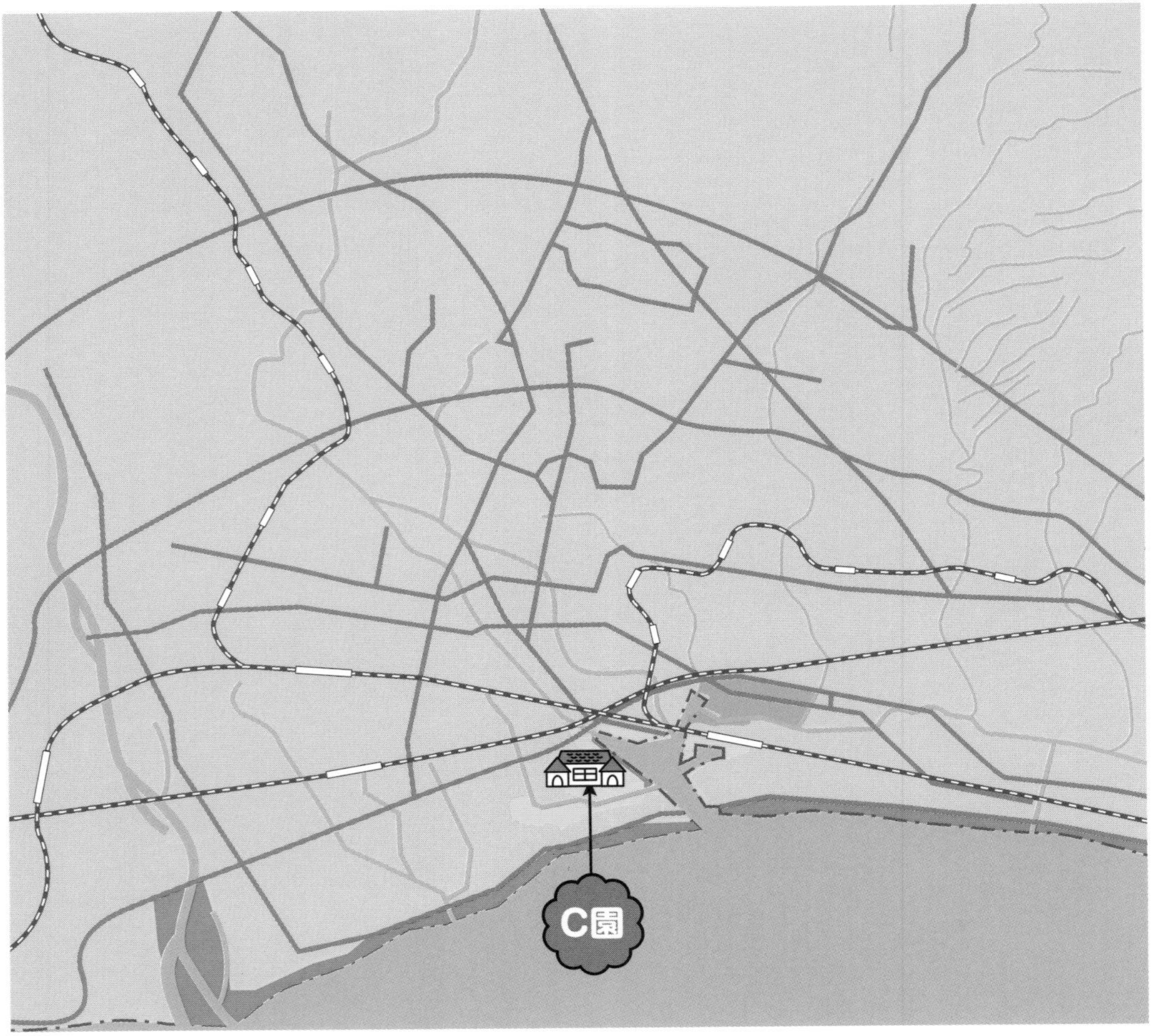

津波浸水指定か所

- 2m以上
- 0～0.5m
- 水門開放時の浸水域

Q.3

大規模地震による津波警報が発表された！沿岸部からどこへ避難すればよいでしょう？

A.

C園は津波発生時には完全に浸水します。揺れがおさまったらすばやく避難行動に移りましょう。**津波の到達時間は、震源地によって違うため、あらかじめいくつかの震源地を想定して時間と避難場所を調べておく必要があります。**

到達時間が長ければ遠くの高台まで行けますが、短い場合は園の近くの高い建物に避難場所を決めておきます。自治体が「津波避難ビル」を指定している場合は、園から一番近いビルへ避難しましょう。

うちの園も？と思ったらココからチェック！

ステップ２
ステップ３
P38～39

火山

噴火によって溶岩流・土石流・火砕流・降灰など
さまざまな現象が被害を拡大させます。
警報が発せられたとき、どう対処をすればよいでしょう？

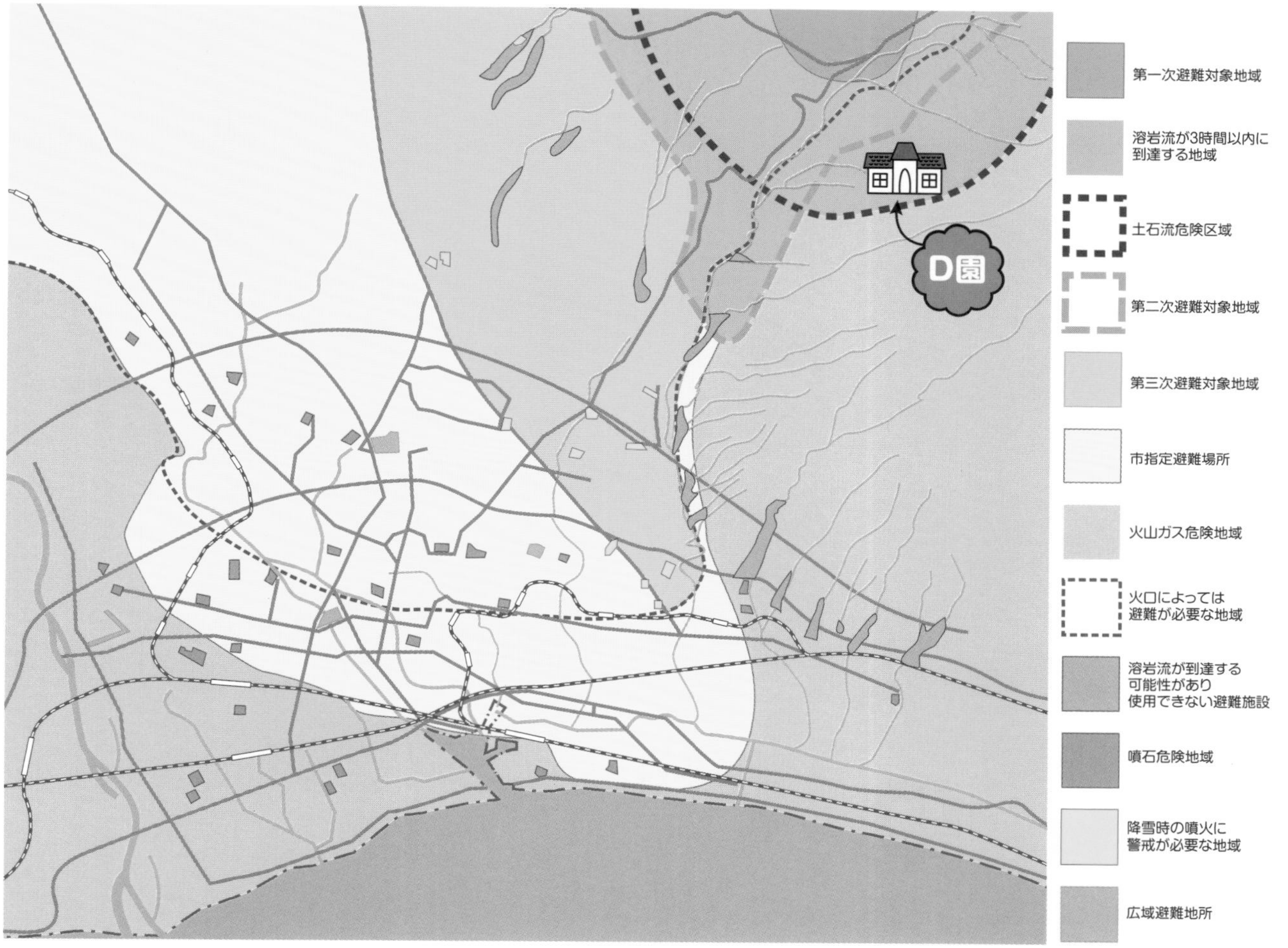

Q.4

噴火警戒レベル３が発表されました。第二次避難対象地域に近いD園は、どんな行動をとればよいでしょう？

A.

D園は津波のリスクはないものの、火山が噴火すれば危険な第二次避難対象地域に隣接しています。気象庁が発表する噴火警戒レベルが5段階中の3までは、通常の生活ができますが、**レベル4になったときのことを想定して、災害時要支援者用の避難準備をしましょう**。保育中であれば、保護者に迎えにきてもらうなどの措置が必要です。

気象庁が発表する火山情報と併せて、自治体が発表する詳しい情報を得て、デマやうわさに惑わされないようにしましょう。

うちの園も？
と思ったらココからチェック！
ステップ2
ステップ3
P45

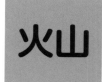

急傾斜地の崩壊・土石流・地すべりなど
土砂災害を事前に察知するために
どんなことに注意を払えばよいでしょう？

土砂災害

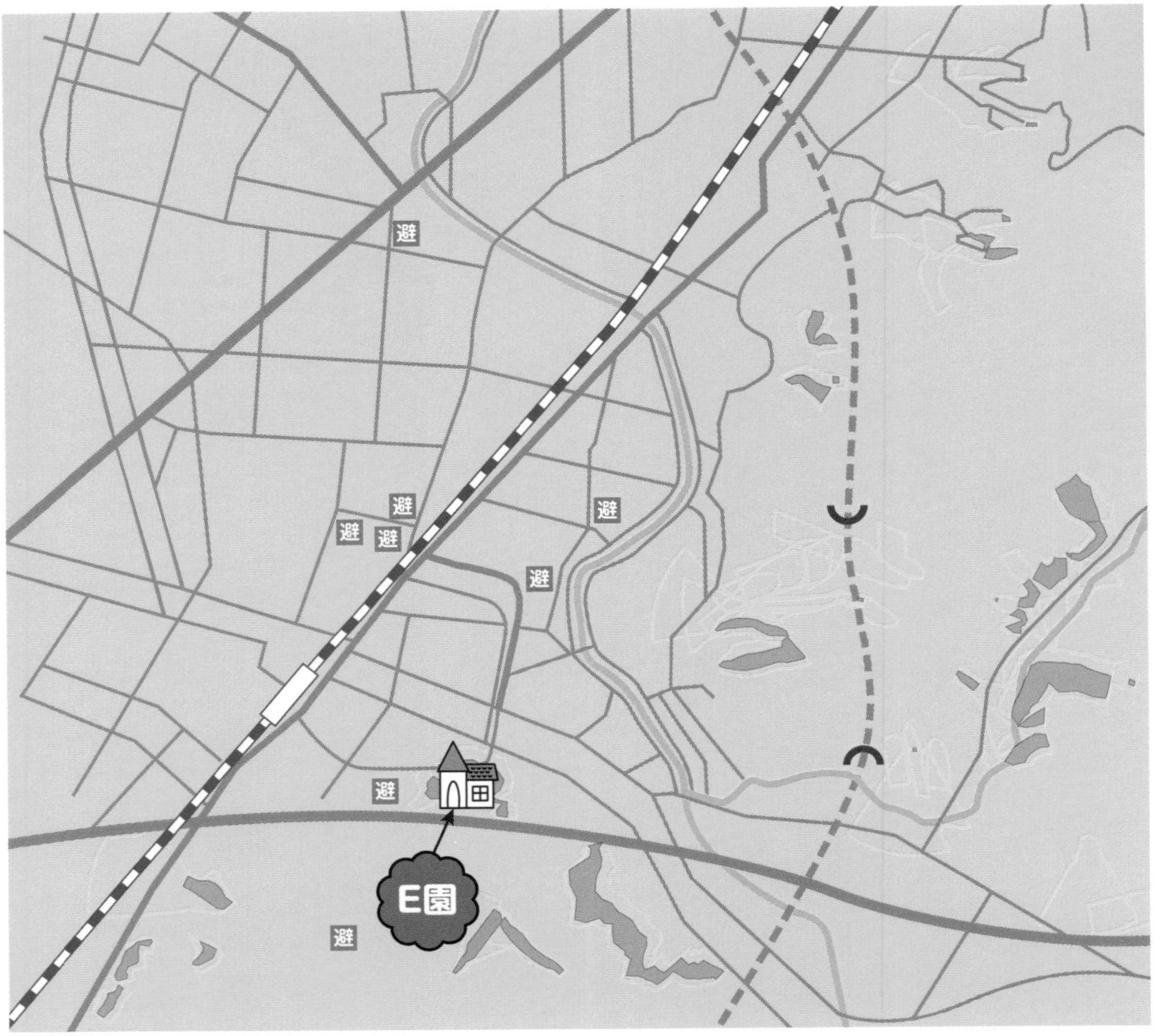

土砂災害特別警戒区域

土砂災害警戒区域

避 避難所

Q.5

数日間、大雨が降り続いています。E園の裏山からときどきゴーという地鳴りが聞こえてくるとき、どのような対応が正解？

A.

E園は、土砂災害特別警戒区域にあります。大雨が数日降り続いたときや、降水量が多いときには気象情報をこまめにチェックし、園周辺の状況をよく観察しましょう。たとえば、**裏山から小石がパラパラと落ちてきたり、川の水が異常に濁ってきたり、ゴーという地鳴りがしたら土砂崩れの前兆**です。

このような前兆現象や避難指示がなくても、身の危険を感じたときには、**自主避難するようにしましょう。**

うちの園も？
と思ったらココからチェック！

ステップ2
ステップ3
P36〜37

震度が同じでも、地域によって揺れ方が違います。
もしものときに、どのくらいの揺れになるのかを知って
防災をおこないましょう。

地震

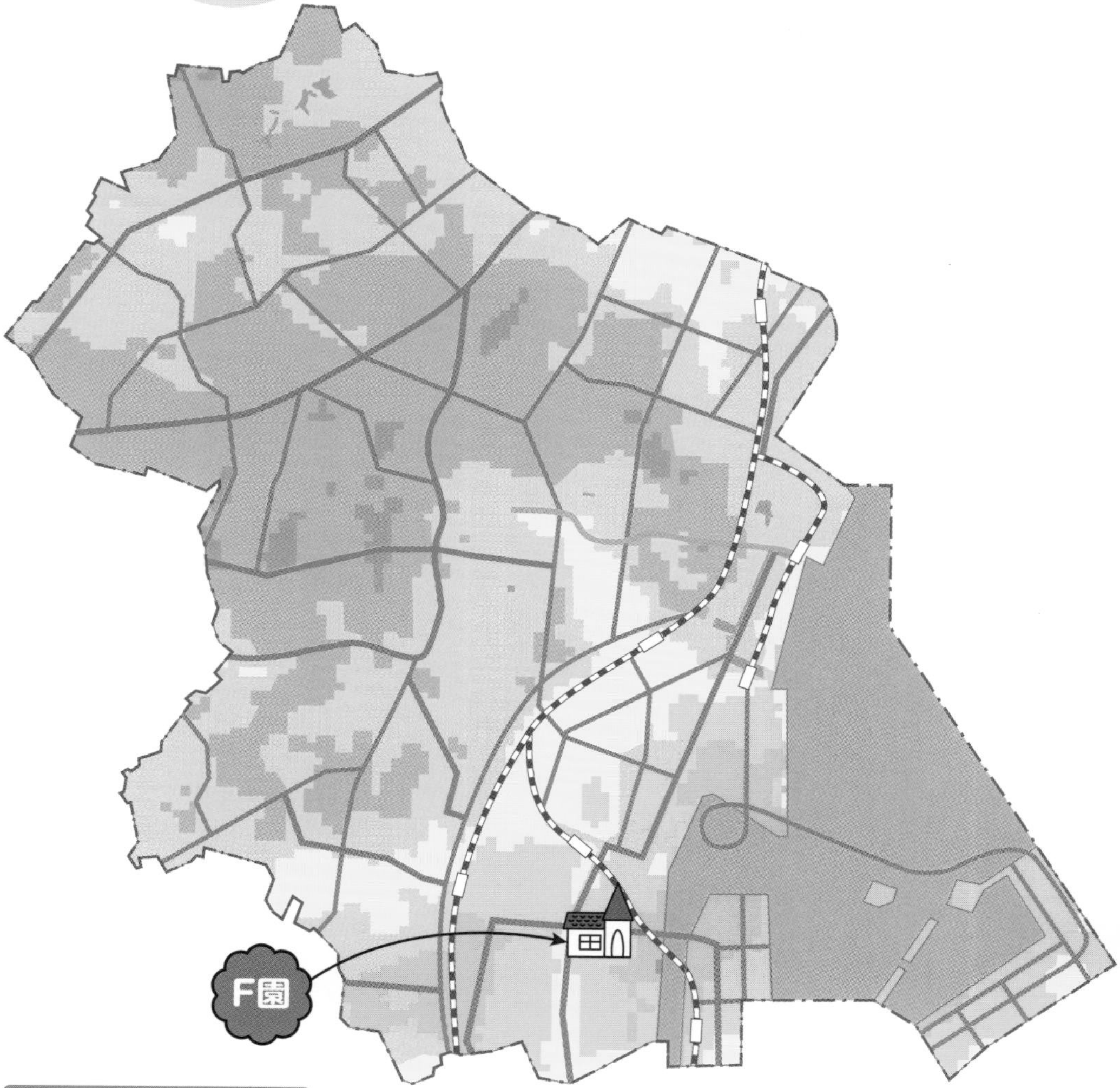

計測震度

5.6〜6.0	震度6弱
6.0〜6.1	震度6強
6.1〜6.2	震度6強
6.2〜6.3	震度6強
6.3〜6.4	震度6強
6.4〜6.5	震度6強
6.5〜	震度7

※マグニチュード7.3の地震が発生した場合の揺れの大きさです。

Q.6

自治体から「揺れやすさマップ」が公表されたのを機に、Ｆ園では防災対策を見直すことになりました。まずは何から手をつけたらよいでしょう？

A.

大地震が発生するとＦ園は震度6強の揺れに見舞われます。**まず園舎の耐震性と設備の固定状況を確認します。**家具の引き出しが飛び出し、窓ガラスが割れて降り注ぐ危険も考えられます。**子どもたちが自分で身を守る術を、日ごろからあそびや生活のなかで身につけられるよう指導計画を見直しましょう。**

被災直後は鉄道が運休し、保護者への引き渡しが深夜や翌日になることも考えられます。近くに海があるため液状化により電気や水道が使えなくなる可能性もあり、備蓄品を改めてチェックしましょう。

うちの園も？
と思ったらココからチェック！

ステップ2
ステップ3
P22〜35

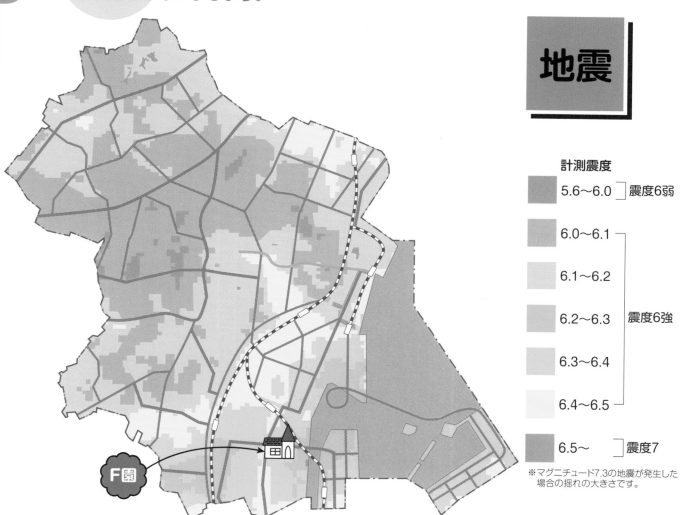

地震の二次災害にライフラインの被害が大きい、液状化現象があります。液状化しやすい地域ではどのように避難すれば安全でしょう？

液状化

Q.7

大きな地震があって、G園の周辺で液状化現象が起きたとき、どこに避難すればよいでしょう？

A.

G園は、地震の揺れとともに液状化するおそれが高いことがわかります。液状化が起きると、地面が陥没したり、隆起したりするため、**屋外へ避難するとかえって危険度が高まります。園舎内の高いところに避難するようにしましょう。**

「屋内にいると倒壊の危険があるのでは?」と考えがちですが、液状化によって耐震状態をつくることができるので建物の損壊被害は少なくなります。ただ、ライフラインが止まり孤立することが考えられるため、食料品や飲料水を充分に備蓄しておきましょう。

うちの園も？
と思ったらココからチェック！
ステップ2
ステップ3
P22〜35

CONTENTS

保育者のみなさまへ

災害から大切な命を守りたい。
多くの保育者や保護者がそう願っています。
しかし、残念ながら想いだけでは守ることはできません。
保護者の手からはなれた子どもたちは、保育者に命を委ねています。
私は過去の災害や研究から
「自然災害の知識や身を守る方法を知っていることで守られる命と
知らないことで失われる命がある」ことを学びました。
大規模災害ではこれまで経験したことのない恐怖や
不安の中で多くの判断を迫られます。
そのとき、大きな頼りとなるのが
これまでに得た知識と訓練による経験です。
想定外の出来事の連続の中で、
自分を信じ自分や大切な子どもを守るには、
なすべきことをなし、訓練の質を高め、
防災教育を充実させていくことが求められます。
本書は、園の防災はこれでいいのかという不安や
何をすべきなのかわからないという戸惑いなど
保育の現場にいらっしゃるみなさまの声に
お応えするために上梓いたしました。
命をつなぐ一助になれば幸いです。

危機管理教育研究所　代表
危機管理アドバイザー　国崎信江

保育者ができる安全対策

まずは園内の総チェック！

園防災で
優先して取り組むべき
対策を整理して、
どれが実施済みで、
どれが未実施なのか
項目別に確認してみましょう。
次に取り組むべき
課題が見えてきます。

●登園・降園時の行動

□通園バスの初動対応の確認（P24）

□保護者と通園途中の対応についての意見交換（P24）

□引き渡し方法の確認（付録 P13）

●園外保育中の行動

□散歩のときの初動対応の確認（P34）

□行事のときの初動対応の確認（P35）

□園外保育中の連絡方法の確立（P18、19）

防災教育

□職員への防災教育の実施（P22 ～）

□子どもへの防災教育の実施（P48 ～）

□保護者への防災教育の実施（P64 ～）

非常用品の備え

（P20）

□応急手当用品を各部屋に設置

□消火器・消火器具の備え

□非常持ち出し品の準備

□待機中の非常品の準

□給食用の非常品の準備（P85、86）

□職員用ヘルメットの準備（P46）

□子ども用ヘルメットの準備（P46）

□避難者を受け入れる準備（P82）

心のケア

（P70 ～）

□子どもの心のケア

□保育者の心のケア

□保護者の心のケア

協力体制の構築

（P64 ～）

□保護者

□地域

□所属機関

□自治体の防災担当や教育委員会や保育課窓口

□保健センター

□栄養士会

□医療機関

□食材納入業者

園の防災力チェック！

優先しておこなうべき対策を確認してみましょう

優先しておこなうべき対策を確認してみましょう。※（　）内は参照ページです

安全な環境づくり

●建物の安全対策

□建物は耐震強度がある（P14）

□非構造部材の耐震対策をしている（P15）

●保育室・ホール（P16）

□什器類の固定

□什器類の安全な配置

□棚などの中身の飛び出し防止

□ガラスの飛散防止対策

□備品の整理整とん

□避難スペースの確保

□安全・危険の可視化

●事務室・休憩室・調理室（P17）

□什器類の固定

□什器類の安全な配置

□棚や冷蔵庫などの中身の飛び出し防止

□ガラスの飛散防止対策

□備品の整理整とん

□避難スペースの確保

□電気火災の防止対策（P40）

●園庭（P26）

□遊具・設備の安全点検

□避難スペースの確保

災害対応

●地域の特性を知る（P2～）

□ハザードマップを確認

□地域の被害想定を確認

□災害時行動マニュアルの作成（P80）

□災害時行動マニュアルの見直し

□携帯用ポケットマニュアルの作成（付録）

□地域防災マップの作成（P25）

□避難場所の確認

□避難ルートの確認（P34、35）

□避難方法の確認

●訓練・研修

□子どもと実施する訓練（P22～）

□保護者が参加する訓練・研修（P64～）

□保育者のみで実施する訓練・研修

□地域とともに実施する訓練・研修（P42、P66）

□ AED・応急手当講習の受講（付録 P8～）

□災害時の給食提供の訓練（P84～）

●通信（P18、19）

□保護者との連絡方法の確立（P67）

□職員間の安否確認方法の確立

□被害情報の入手方法の確立

□関係機関との連絡方法の確立

□通園バスとの連絡方法の確立

□職員の家族との安否確認方法の確立

安全な環境づくり

施設の耐震化

総チェック！

園舎の耐震化と向き合い　大切な命と財産を守りましょう

＊耐震化工事に対する助成制度の例

補助「住宅・建築物安全ストック形成事業」

【所管】国土交通省
【対象】都道府県の規定により異なる
【問い合わせ先】都道府県または市区町村の住宅・建築担当窓口

補助「安心こども基金」（幼稚園耐震化促進事業、保育所緊急整備事業）

【所管】文部科学省
【対象】私立幼稚園、認定こども園、保育所（保育所緊急整備事業）
【問い合わせ先】都道府県の「安心こども基金」所管窓口

補助「学校施設環境改善交付金　防災機能強化事業」

【所管】文部科学省
【対象】公立幼稚園、
【問い合わせ先】市区町村の所管窓口

補助「私立幼稚園施設整備費補助」

【所管】文部科学省
【対象】私立幼稚園、認定こども園（幼稚園型、幼保連携型）
【問い合わせ先】都道府県の「私立幼稚園施設整備費補助」所管窓口

補助「耐震化等防災安全対策のための低利融資　貸付事業」

【所管】日本私立学校振興・共済事業団
【対象】学校法人立の幼稚園、認定こども園
【問い合わせ先】日本私立学校振興・共済事業団　融資部　融資課
（※ 2014 年 5 月現在）

＊定期的な点検で耐震性を維持

耐震性が確保できている園も過信してはいけません。建物は経年劣化していきますから、定期的な点検や修繕で耐震性を維持することは重要です。とくに近年地震が頻発化していますから、強い揺れを受けたら外壁に亀裂や剥落がないか、表面仕上げ剤の浮きや剥落がないかなどを確認するようにしましょう。雨漏りの原因となる屋上やバルコニーの防水層のはがれも定期的に確認しましょう。

＊耐震化を諦めない

園舎の耐震性は防災の礎です。充実した訓練や質の高い防災教育をしたところで、園舎の耐震性が低ければ、保育者や子どもの命や体を守ることはできません。これまでの取り組みがすべて無駄になってしまいます。財務省令に基づく、建物の用途構造別の園舎の法定耐用年数は、鉄筋コンクリートなどで47年、木造で22年となっています。園舎の老朽化が気になる場合はまず自治体に相談しましょう。これらの工事に国や自治体による補助や融資の様々な支援策があります。このような制度を活用してできるだけ早く実施するようにしましょう。

＊耐震化を早期に実現するために

耐震改修工事は多額の費用がかかるのですぐにはむずかしいという経済的状況もあるかもしれません。しかしその間に地震が起きるかもしれません。耐震診断の結果をふまえてもっとも優先するか所から段階補強や部分的改修をすることも検討してみましょう。

天井材・窓ガラスの落下に備えて

非構造部材とは
天井、内装の材料や、照明器具、窓ガラス、書棚など

＊非構造部材の耐震化

施設の安全は建物の耐震化だけでは不充分です。近年の大規模地震では、天井材、外装材、内装材、窓ガラス、照明器具、家具といった「非構造部材」の被害が発生しています。園もホールの天井材や内壁が落ちたり、窓ガラスが割れたりして子どもたちがケガをするかもしれません。地震時に子どもの安全を確保するために、非構造部材の耐震化についても関心をもちましょう。文部科学省の「地震による落下物や転倒物から子どもたちを守るために　～学校施設の非構造部材の耐震化ガイドブック～」に被害事例や点検と対策、助成制度等についての詳しい情報が記載されています。

天井材や窓ガラスなどが落下する危険があることを知り対応を検討しましょう

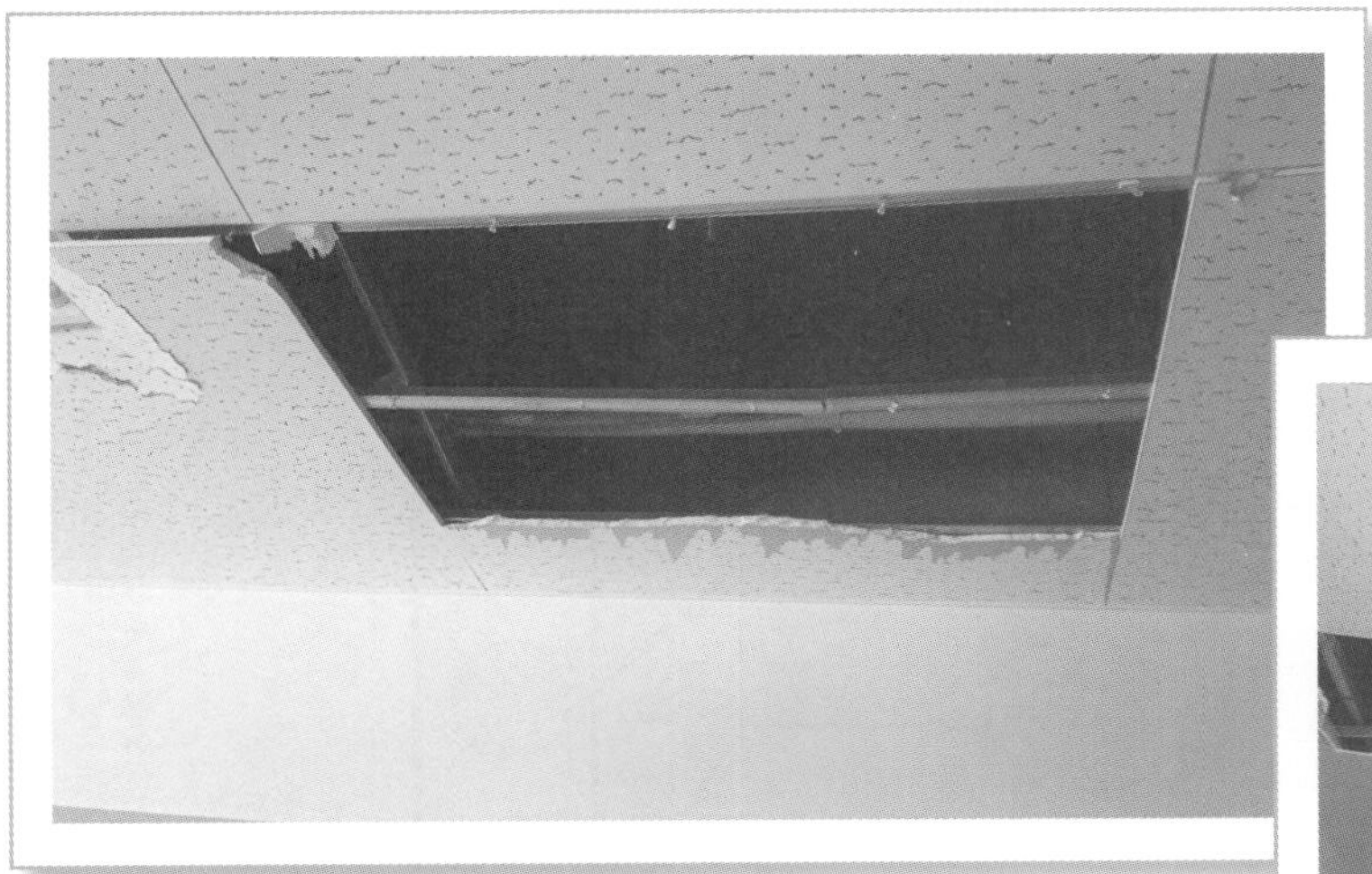

剥れ落ちた天井（上・中）割れた窓ガラス（下）

＊園でおこなう非構造部材の安全点検

まずは、下記の項目について目で見て異常がないか点検してみましょう。
異常があれば教育委員会や自治体・建築の専門家に相談し改善方策を相談しましょう。

≪天井≫
天井材（仕上げボード）に破損・ずれ・ひび割れ・漏水跡

≪照明器具≫
照明器具の変形・腐食

≪窓ガラス≫
ひび割れ・窓ガラスと衝突するものが周辺に置かれていないか

はめごろしの窓（枠材にはめ込み開閉しない窓）はガラス面が大きいほど割れやすいので注意しましょう。

≪建具≫
変形（たわみ）・腐食・がたつき

≪外壁・内壁≫
ひび割れ・欠損・脱落

モルタル仕上げの壁は地震の揺れで剥落すると危険です。

安全な環境づくり

設備の固定

総チェック！

部屋ごとに具体的な対策を！ 定期的な点検も忘れないようにしましょう

＊危険と安全の可視化

園生活の中で一番長い時間を過ごす保育室は、室内の安全対策をもっとも優先したい場所です。保育室には様々な家具や備品があります。地震が起きたら室内のものがどのような動きをするかをイメージしてみましょう。危険な場所には「あぶないよ」ステッカーを、安全な場所の床には「ここにあつまれ」ステッカーを貼り、危険と安全を見える化しておきます。

いざというときに子どもたちが自主的に安全な場所に避難する「生きる力」が、日ごろの生活の中で育つ環境を工夫してみましょう。

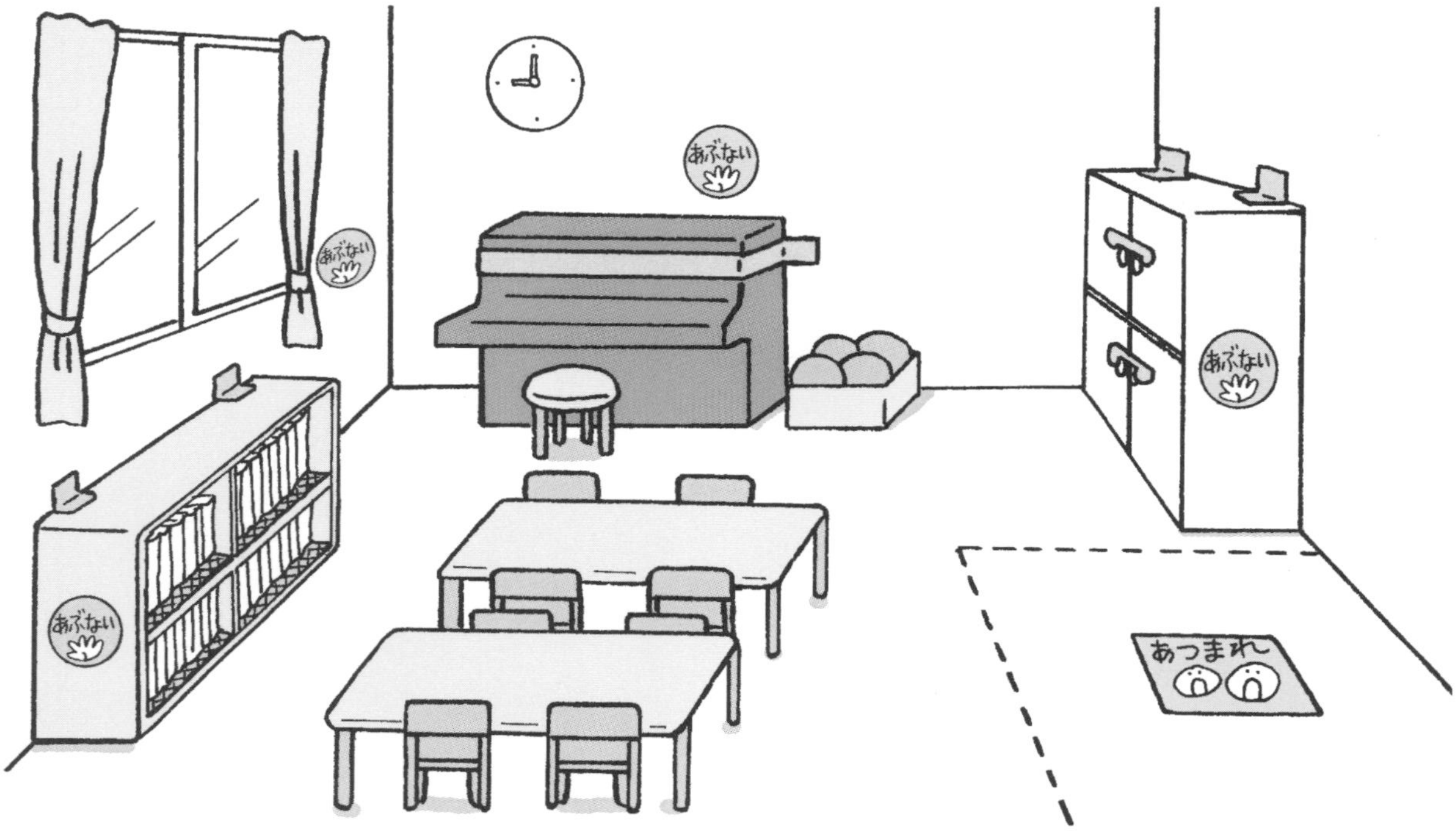

＊保育室の安全対策

オルガン、ピアノ、書棚などの重いものの固定はもちろん、CDプレーヤーや植木鉢など棚の上に置いてあるものは滑り止めシートを下に敷いて、逃げるための時間的猶予をつくれるようにしましょう。ガラス対策として蛍光灯にカバーをつけ、窓ガラスやキャビネットのガラス面に飛散防止フィルムを貼りましょう。

＊置き場所にも配慮

ドアの近くにものを置かないようにしましょう。建物の耐震性が低く、すぐに外に避難しなければならない園では特に、避難路をふさがれたり、閉じ込められたりしないように、すばやく動ける環境をつくっておくことが重要です。ものを避けながらの複雑な動線にならないよう、まっすぐに外に出られる空間を確保するように努めましょう。

大人が過ごす空間の安全対策

生活安全の視点からも保育室の安全対策は進んでいますが、見過ごされがちなのが「事務室」「休憩室」「調理室」といった大人が過ごす空間です。大人が死傷しては子どもたちを守ることはできません。怠りなく対策しましょう。

チェックポイトント

≪事務室≫

- プリンター・パソコン・電話機・テレビなど電気・通信機器の固定
- キャビネットの固定と扉にストッパー、棚板に滑り止めシート
- ガラス製品、陶器類の飾りものはできるだけ撤去
- 床に段ボールや備品を置きっぱなしにせずかたづける

≪休憩室・ロッカー≫

- 冷蔵庫・食器棚を固定し、扉にストッパー・棚板に滑り止めシート
- ドアの近くに大型の家具を置かない
- ロッカーやキャビネットは間仕切り代わりに部屋中央に置かず、壁につけて固定する

≪調理室≫

- 食器棚や食器洗浄機・冷蔵庫の固定（業者に相談しましょう）と扉にストッパー
- ステンレス棚を固定し、できるだけ重いものを下に置く
- 作業台の下にものを置かず、いざというときに逃げ込めるスペースを確保する

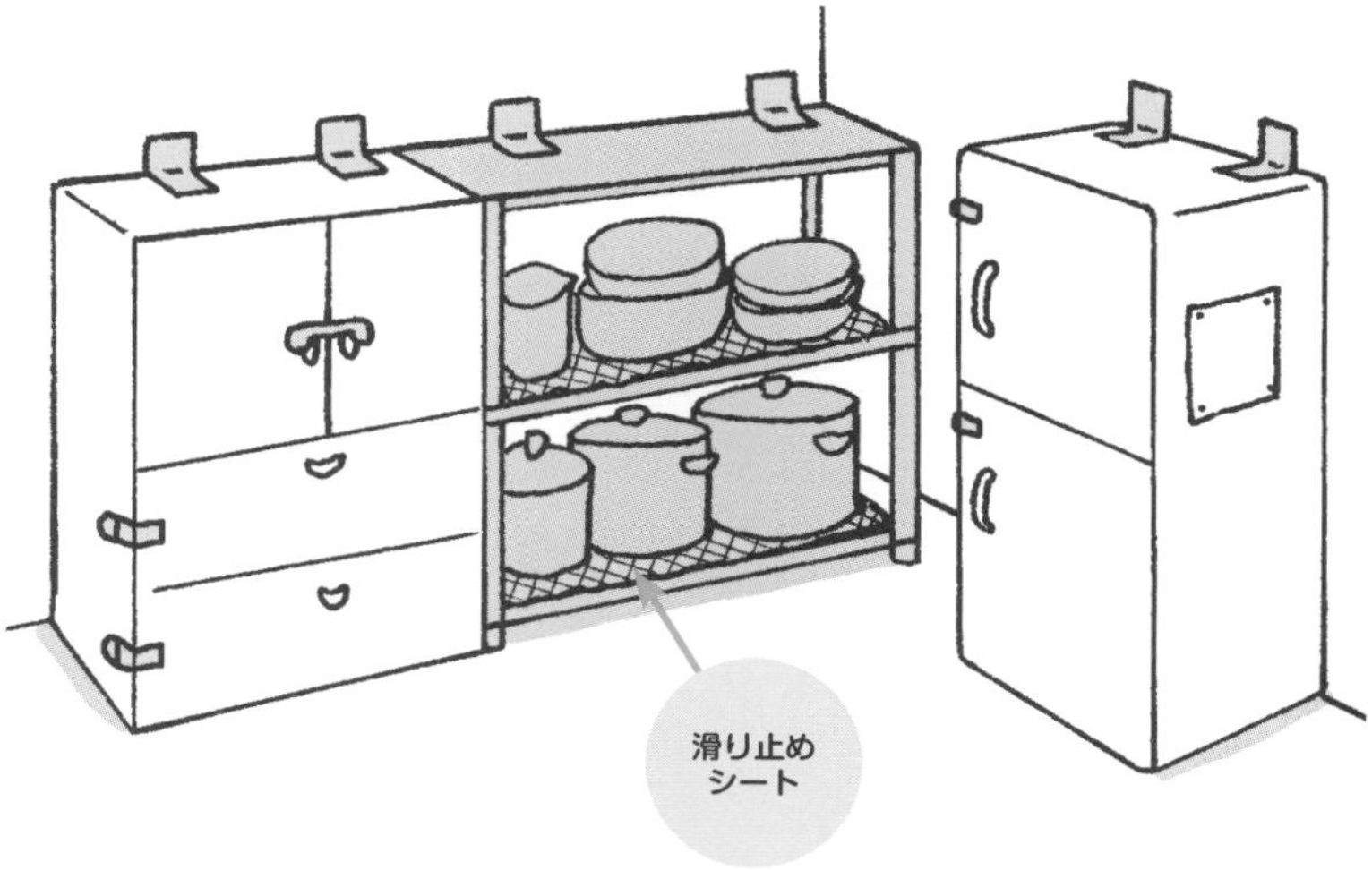

安全な環境づくり

災害に負けない連絡手段の確立

総チェック！

災害時には電話は使えない あらゆる手段で確実に連絡を取る方法を考えましょう

＊複数の手段を決める

大規模な災害が起きて、大量の電話が短時間に集中する場合、各電話会社が、通信を制限してシステムダウンを防ぐようにしているため電話はつながりにくくなります。災害時に保護者と確実に連絡をとるために、電話以外の複数の連絡手段と活用する順位を決めておきましょう。

防災のツボ

携帯電話の普及に伴い公衆電話を利用する機会が減り、台数も減少しています。しかし公衆電話は災害時に優先的につながり、被災地であれば通話料が無料になります。小銭を入れてからダイヤルし、あとで戻ってくる仕組みですので、硬貨を忘れずに準備しておきましょう。また、公衆電話の使い方がわからない子どもも増えています。使い方の練習と公衆電話の設置場所も確認しておきましょう。

④インターネット網の活用

「Skype」「Twitter」「Facebook」「LINE」など、無料で利用できる SNS（ソーシャルネットワークシステム）があります。このようなサービスを利用して園の活動を紹介したり、保護者との交流に活用している園もありますが、災害時は安否確認、情報交換に役立ちます。

⑤ J-anpi ～安否情報まとめて検索～

NTT や NHK が運用する大規模災害発生時の安否情報確認サイト「J-anpi ～安否情報まとめて検索～」は、通信会社の災害用伝言板や、報道機関が収集した安否情報など複数の安否情報データベースを一括横断検索できるのが特徴です。

⑥地域のコミュニティ FM の活用

地域の情報を発信するコミュニティ FM ラジオに安否情報をリクエストして、園児の安否を知らせる方法です。日ごろから FM ラジオ運営会社と安否情報の発信について協議しておきましょう。

「ニッポン放送」では学校安否情報として東京都・神奈川県下のすべての私立中学・高校、国立大学附属小・中・特別支援学校の生徒の安否を学校単位で収集して放送します。園でも積極的にラジオを使用した安否情報の発信を考えてみましょう。

⑦トランシーバーの活用（職員間の連絡手段）

園内にいてもすぐに連絡をとりたい職員を探すのに苦労したり、地域の被害状況を確認している職員とのやりとりも、トランシーバーがあれば迅速におこなえます。

通信距離が 1 ～ 3 ㎞程度のデジタル簡易無線局（3R 登録局）なら、免許不要で簡単な登録手続きと電波使用料（年額 500 円以下）で使用できます。

連絡手段の種類

①一斉配信メール

園からの連絡をメールで一斉配信するシステムです。日ごろから園の連絡網として休園連絡や、運動会・遠足などの行事決行の連絡、バスの遅延連絡、各学年別の連絡に活用できます。園はメール配信システム事業者と契約し保護者全員の携帯電話、スマートフォン、パソコン等のメールアドレスを事前に登録しておく必要があります。

②災害用伝言ダイヤル「171」

災害用伝言ダイヤルは、大規模災害が発生した際に NTT がサービスを開始する音声の伝言板です。

（使い方）

● 171 をダイヤル

【メッセージの録音は】

録音　171 ⇒ 1 ⇒園の固定電話⇒ 1 #⇒録音⇒ 9 #⇒おわり

【メッセージの再生は】

再生　171 ⇒ 2 ⇒園の固定番号⇒ 1 #⇒再生⇒ 9 #（次の伝言を聞く）⇒おわり

●防災週間
＝９月１日の「防災の日」を含む１週間
●防災とボランティア週間
＝１月 15 日からの１週間

●毎月 1 日、15 日、防災週間、防災とボランティア週間に体験利用ができます。保護者にも呼びかけて試してみることをおすすめします。

伝言ダイヤル
171
子どもたちは
○○小学校に
避難しています

【災害用伝言ダイヤル活用の留意点】

●伝言録音時間が 1 伝言あたり 30 秒以内です。的確なメッセージを残すためにあらかじめ伝言内容を整理してから利用しましょう。

●伝言の蓄積は 1 つの電話番号につき 10 個までです。保護者からの伝言の録音は受けつけないことを、事前に周知しておきましょう。クラスごとに役員さんの家の電話番号を設定しておくなどの、運用ルールを決めておく方法もあります。

③携帯電話各社が提供する　「災害用伝言板」

携帯電話から自分の状況を入力すると、あらかじめ登録されたメールアドレスに配信されるサービスです。これは保護者が園に安否を伝えるのに役立ちますが、保護者が事前に園のメールアドレスを登録しておく必要があります。

備蓄リスト

総チェック！

災害時に使うグッズは、状況別に分けて用意します。避難所に持っていく一次品と、園で過ごすための二次品です。被災した園の「これが必要だった」という声を反映して備蓄品をリストアップしました。これらに加え、各園で必要なものをプラスしていきましょう。

一次 避難用備蓄品

- 水
- おやつ（園児数１日分、アレルギー対応のビスケット）
- 液体ミルク（数個）
- 使い捨て哺乳瓶（２セット）
- 携帯型浄水器
- ビニール袋（10枚）
- 登山用カセットコンロと登山用鍋
- 笛
- 簡易トイレ
- トイレットペーパー
- 防護品（ヘルメット・マスク・手袋）
- アルミブランケット
- おむつ
- おしりふき
- バスタオル
- おんぶひも（乳児全員分）
- ライト（首にかけるタイプまたはヘッドライト）
- 子ども・保護者名簿（緊急連絡先）
- 関係機関一覧表
- 園備品の携帯電話
- 手回し式ラジオ・ライト
- 応急手当用品
- 地域防災マップ

二次 園内用備蓄品

- 水（2Lペットボトル人数分）
- 子どもたちの着替えなどの日用品（幼稚園の場合）
- 食材とおやつ
- 自家発電機
- ＬＥＤ投光機
- 小型テレビもしくはテレビつき携帯電話
- ブルーシート
- ガムテープ（補修テープ）
- 抗菌・消臭剤
- 体ふき
- 歯ブラシ
- 災害用トイレ
- トランシーバー
- ランタン
- 救急医薬品
- 救助工具

あると助かる備蓄

- ガスコンロとカセットガス
- 全開できる寝袋（幼稚園の場合）
- ポリタンク
- 油圧ジャッキ
- 台車
- パンクレス自転車
- ノートパソコン（名簿などのデータを入れておく）

こんなとき どうする？

とっさの行動マニュアル

災害は、保育中のどんな場面で起こるかわかりません。
年に数回の防災訓練をおこなっても
同じシミュレーションをくり返すだけでは
いざというときに対応できないこともでてきます。
園庭であそんでいるとき、食事中、園外保育のとき……。
時間や場所などの条件を変えて訓練することで
いざというときに慌てずに行動できます。

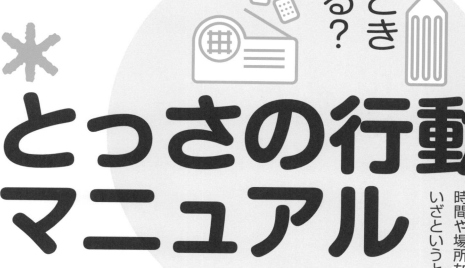

地震

初動対応

対応 こんなときどうする？

気が動転しても動けるように基本行動はシンプルにしましょう

＊保育者の基本行動

災害は、"突然"やってきます。どんなに備えをしていても、激しい揺さぶりに気が動転してしまうことがあります。災害時の初動対応はむずかしくあれこれ考えても、その通りにはいかないものなので、極めてシンプルに、覚えやすくしておきましょう。

保育者の基本行動

「はなれて」

自分の体を守るため
危険なものからはなれて

「守って」

すばやい指示・行動で
子どもを守って

「生き延びる」

負傷の手当て・救助・避難など
迅速で適切な行動で生き延びる

子どもの基本行動は「い・か・あ・し」

い どうする

危険な場所から移動する

か らだをまもる

安全な空間で
体を守る姿勢をとる

あ しもとをみる

揺れがおさまったら
動く前に足元を確認

し らせる

ケガやはさまれなど
困ったことが起きたら、
大きな声で知らせよう。
困ったことがなければ
「無事です」と
知らせることも大切

＊保育者は具体的な指示を

地震が起きると、つい「地震！」と大声を出してしまいがちです。揺れていれば地震とわかるのですから「地震よ、地震！」と何回も強調して子どもの緊張を高めないようにしましょう。「地震！」は1回。あとは子どもの行動につなげる「ダンゴムシ！」「机の下に潜って！」「棚からはなれて！」「窓からはなれて！」など、具体的な指示を出すように努めましょう。

＊指揮系統の明確化

責任者の不在時にも災害が起こることはあります。災害時の指揮系統を明確にしておき、マニュアルに記載されていても、重要なことなので、保育者の目につくところに掲示しておきましょう。

　責任者が外出するときには災害時の指揮権限を委任するようにします。朝礼で責任者の予定を確認し、外出の予定があればその間の指揮系統を共通理解しておきます。代理で責任者を務める保育者は、園長の代わりに判断・指示することによって命が左右される責任の重みを受け止めておかなければなりません。

保育者は、いざというときにどのように動けばよいか、
右ページの基本行動をふまえてさらに詳しく
動きを把握しておきましょう。

保育者の初動対応

地震発生

園外保育中

近くに頑丈そうなビル・マンションがあれば中に逃げ込むか、駐車場や田畑など開けた空間に避難しましょう

1 電柱、自動販売機、ブロック塀などからはなれ身を守る姿勢をとる

2 揺れがおさまったら、子どもたちを集めて点呼、ケガの確認・応急手当

ケガ人がいる場合

3 応急手当をして災害時医療救護所に搬送

4 余震に備え、公園や空き地など、転倒落下物のない空間に一時退避・点呼

5 二次災害の発生を判断し、さらなる避難の必要性を検討

6 帰園か避難所に留まるかの判断

7 全園行事でなければ園への状況報告と今後の対応の相談

8 保護者への連絡

9 避難場所で待機中の子どもの健康や精神面のケア

10 引き渡し及び、親と連絡がつかない子どもの保護

保護者との連絡が取れない場合の子どもの滞留措置について、事前に話し合っておくことが大切です。

園内保育中

1 体を守る行動の指示を出す

2 揺れがおさまったら、子どもたちを集めて点呼、ケガの確認・応急手当

ケガ人がいる場合

3 応急手当をして災害時医療救護所に搬送

動けない場合はほかの保育者に応援を要請

園舎からはなれたところに集合して点呼

4 全職員の安否確認と園の被害確認

5 ホール・園庭への避難、避難所への避難の判断

6 非常用品の準備及び、子どもの身じたく

園外に避難する場合

7 門扉に避難先のメモを残す

8 安全な場所で保護者・関係機関への連絡

9 地域の被害状況や災害情報の確認

避難所になる場合

10 受け入れの準備

11 引き渡し及び、親と連絡がつかない子どもの保護

地震

登園時 降園時

対応

こんなときどうする？

保護者や職員にも訓練を通して避難方法を徹底しておきましょう

徒歩以外での通園途中に地震が起こったら……

□自転車
速やかに自転車から子どもを降ろし、手をつないで安全な場所に移動する

□自動車
①ハザードランプをつけながらゆっくり車の速度を落とし、一旦停止する。近くに駐車場や空きスペースがあればそこに車を駐車して、ラジオを聞きながら様子を見る
②車からはなれるときは、連絡先のメモを残し、必要なものを持って出る

車検証も忘れずに！

＊保護者の対応がカギ

徒歩での登園・降園途中に地震が発生すると、家屋や塀の倒壊や車の渋滞などで通行がむずかしくなることが予想されます。そうした場合には、無理に園に来ようとしないで、安全な場所で一時避難するよう、日ごろから保護者に伝えておきましょう。

また、あらかじめ空き地や駐車場など、一時避難できる場所を保護者に確認してもらいましょう。園でも保護者からその場所を聞いておき、いつなんどき起きるかわからない地震から、子どもを一緒に守る協力体制を万全にしておくことが大切です。

＊通園バスからの避難

通園バスの中で地震が起こったときは、次のような手順で避難しましょう。

①子どもたちを落ち着かせる。
②正確な情報を把握するためにラジオをつける。
③防災無線や携帯電話で園と連絡を取り、乗車人数・周辺の状況を報告し、避難方法を確認する。
④バスを降りて避難する場合、フロントガラスなど目立つところに避難場所を書いた貼り紙をする。

東日本大震災では、倒壊の恐れがある園舎から、園バスの中に避難して保護者のお迎えを待った園もありました。

応急手当用品や情報を受信・発信できる機器など災害時に必要なものをバスに載せておきましょう。

地震

登園時 降園時

事前

こんなときどうする？

「防災さんぽ」で保護者と避難路の確認をしましょう

＊通園路をチェックして保護者の防災力アップ！

道路上の危険を知るために、保護者会や保育参加などの折々に、園の周辺を保護者と一緒に散歩してみましょう。そのときに危険か所はメモをとったりカメラで撮影したりして記録します。保護者と一緒にチェックする危険か所は、P34の「地震のときに危険なもの」で紹介しています。

この「防災さんぽ」の知恵をふまえて、園周辺の危険か所や避難できる場所を書き込んだ「防災マップ」を作りましょう。

「子どもの視点で地震が起きたら危ないと思うところを探しながら歩きましょう」と提案し、園に帰ってからその情報をふまえて防災マップを作成します。できあがったらおたよりで、参加できなかった保護者にも配布しましょう。

「防災マップ」作成のポイント

- □ハザードマップのリスク情報も盛り込む（ステップ１参照）
- □指定避難所・広域避難場所・消防水利・医療救護所などを明記
- □コンビニやガソリンスタンドなど災害時に支援してくれる店舗も記載
- □災害時に道路が使えるかどうかも確認

地震

外あそび中

対応 こんなときどうする？

子どもが散らばって行動しているときの対応を考える

＊園庭の危険なものから離れる

園庭で子どもたちがあそんでいるときにグラッときたら、子どもたちをすばやく園舎や遊具からはなれさせ、園庭の中央に集合させましょう。遊具は震度のレベルにもよりますが、定期検査をしていても、揺れによって固定した部分が浮き上がることもあります。園舎の近くは、屋根や壁材が落ちる危険があります。

園の立て看板を立てている場合も、遊具と同様に倒れる危険に注意が必要です。

＊揺れを感じたら「ダンゴムシ！」「クロス！」

園庭では身を守る机や絵本などがないため、保育者はすぐに「ダンゴムシ！」と呼びかけ体を守る姿勢をとらせます（P58参照）。園舎の近くでは壁材が落ちてくるかもしれません。そんなときは腕をクロスして頭部を守りながら安全な場所に移動します。人はとっさに腕の内側を前に出すリアクションをとってしまいますが、腕の内側をケガすると重症化しがちです。腕の内側は自分に向けてクロスすることをしっかりと伝えましょう。

訓練のツボ

「隠れないで集まれ！」

散らばって好きなあそびをしているときに地震が起きたら、全員の無事を速やかに確認しなくてはなりません。怖さのあまり遊具の中や、倉庫の脇、トイレの個室などに隠れてしまう子どもがいるかもしれません。訓練のときから、「大人の目の届かない場所には、隠れない」ということをくり返し伝えましょう。呼びかけの言葉は「隠れないで集まれ！」です。

地震

外あそび中

事前

こんなときどうする？

園庭の安全点検とあそび中の訓練の実施

＊ココをチェック！ 園庭の防災対策

遊具の安全性を定期的に検査することはもちろん、防災の観点から次のようなチェックポイントを確認します。

- ●園舎の屋根がはがれ落ちそうになっていないか
- ●園舎の壁面にヒビが入っていないか
- ●ブロック塀を耐震補強しているか
- ●園庭の木が根腐れしていたり、幹が傷ついていないか
- ●門扉・アーチ・遊具の老朽化による損傷はないか

もしも問題が見つかったときは、危険なブロック塀をフェンスや生垣にしたり、看板やエアコンの室外機を耐震固定するなどの対策が必要です。園舎の屋根や壁面は、業者にお願いして早急に修繕し、安全を確保しましょう。

訓練の流れ

①外あそび中に訓練することをあらかじめ伝えておく。
②保育者はあそびに夢中になっているタイミングで笛を吹き「地震です。訓練の地震です」と訓練が始まったことを伝える。
③「集まれ！」と集合をかけたときにあそびをやめない子やキョロキョロしている子どもなどの様子を観察する。
④遊具にはあらかじめ保育者が付き添い、慌てて動いてケガをしないように支援する。
⑤集まったら点呼。
⑥園庭にある危険な場所からはなれることや、保育者が近くにいなくても、自分で集合すること、隠れてはいけないことなどを伝える。

すばやい点呼のコツ

①日ごろの「集まれあそび」でグループになって集まる練習
保育者が「5人！」と言ったら、子どもたちは5人組をつくって座ります。日ごろのちょこっと時間に、集まって座る練習をしておきます。

②訓練では、「人数確認」のあと「一人ひとりの名前確認」
人数確認は「5人ずつ」や「3人ずつ」など、まとめてかぞえるとすばやく確認できます。その後に名前を呼んで、全員の安全を確認します。

③ポケットにはいつも今の園児名簿
途中で早退した子どもまで含めてかぞえると、行方不明と勘違いするケースがあります。ポケットには常に、園児名簿を入れておきましょう。

地震

食事中

対応　こんなときどうする？

食事を中断し　テーブルからはなれ　揺れがおさまるのを　待ちましょう

＊室内で安全なところへ誘導

　保育者は食事をすぐにやめさせ、テーブルからはなれるように指示しましょう。ランチルームはお皿やカップ、食事中であればスープなどがテーブルに並んでいるため、揺れが大きければそれらが飛んで子どもがケガをする危険があります。

　そういった危険から子どもを守りましょう。椅子に座布団を敷いていれば、それをかぶって身を守るとよいでしょう。

　揺れがおさまったら割れた食器や、こぼれた汁もので滑ってケガをしないように注意を促します。また、ワゴンやポットなどの危ないものもあるので、それらが子どもに危害を与えないように遠ざけましょう。

　調理員は火の元をしっかり締め、可能であれば水を貯めます。ただし、調理室は調理器具が飛び、食器棚が倒れるもっとも危険な場所と認識して、無理な行動はしないようにしましょう。

防災のツボ

＊テーブルの下はNG？

　「地震が起きたらテーブルの下！」と無条件に考えていませんか？　しかし、食事中の強い揺れでテーブルの下に避難すると、汁ものがこぼれて頭からかぶってしまうおそれがあります。床に食事が散乱すると、食器の破片や汁もので滑りやすくなるため、訓練のときには机の下に潜らないケースも体験させておき、子どもにやけどや転びやすいリスクをイメージさせましょう。

地震 食事中

事前 こんなときどうする？

揺れで動くテーブルやワゴン扉が開いたりする戸棚を固定しましょう

＊食事スペースの危険を確認

食事スペースには、通常の保育室以上に危険が潜んでいます。テーブルやキャスターつきワゴンは、揺れで簡単に動くので子どもや保育者に危害を与えます。キャスターつきワゴンはきちんとロックして、テーブルや花瓶、ポットなどは滑り止めマットを使って簡単に動かないようにしましょう。ワゴンは子どもたちに配ったあとは遠ざけておきます。

扉式の戸棚や食器棚がある場合は、中の棚板に滑り止めシートを敷き、扉には必ずフックをつけて中身が飛び出すのを防ぎます。慣れないうちは、フックをはずすのが面倒に感じるかもしれませんが、習慣化すれば気になりません。

ランチルームで食事をしている園の場合、食器棚や調理室と食事スペースを区切る窓、時計など、ガラスを使ったものが多いことにも注意が必要です。事前にガラス飛散防止シートを貼りましょう。

子どもたちにもこの部屋で地震が起きたら、何が危険か、どういう行動をしたらよいのかを訓練で確認しておきます。また、保育者だけでなく調理員も、それぞれの動きをしっかりと確認するようにしてください。

防災のツボ

＊食事スペースにも応急手当用品を常備する

食事スペースで地震に襲われると、飛散したガラスや食器類で手指を切ったり、やけどをする危険性があります。応急手当用品は必ず常備しておくようにしましょう。調理員も応急手当の講習を受講しておくとよいですね。

地震

午睡中

対応 こんなときどうする？

寝起きでも安全に避難させる方法を考えましょう

＊布団・毛布で体を守る

揺れを感じたらすぐに布団や毛布をかぶって体を守るよう子どもたちに指示します。気持ちよく寝ているところに地震が起きれば、寝ぼける子どもや、驚きのあまり泣き出す子、慌てて走り出したりする子もいるかもしれません。そんなときはすぐに保育者が布団をかぶせて体を守るようサポートしてあげましょう。保育者も身近にあるもので体を守りながら、子どもたちの周囲に倒れるものがないか確かめ、危険な場所にいる子どもはすぐに移動させます。

＊すぐに身じたく

揺れがおさまったら保育者は自分や子どもにケガがないかを確かめます。

安全を確認したら周囲の被害状況から保育室に留まるか、園庭やホールに避難するかを判断します。その間、パジャマを着ている園では上に服を羽織り、靴下を履くよう指示します。避難する際は靴も履かせることを忘れないようにしましょう。余裕があればヘルメットもかぶらせてから移動しましょう。

訓練のコツ

- パジャマの上に羽織るものは、手に届く位置に置いておく。
- 靴下を履かせる時間がない場合を想定して、素足のまま靴を履かせる。
- 寝ぼけていても友だちを踏みつけない布団のレイアウトを心がける。
- 地域の災害特性を踏まえてパジャマの習慣を再考する。

斜めがgood

防災のヒント

津波や土砂災害の危険がある地域では避難に一刻の猶予もありません。そのような立地の園では、午睡のときにパジャマに着替えさせることなく、普段の服のまま午睡をとるのも一案です。

寝ぼけた子どもが寝ている友だちを踏みつけたり、足を取られて転ばないように、布団の敷き方にも配慮しましょう。横一列ではなく少し斜めに敷いて通路を設けるようなレイアウトにするなど子どものとっさの行動を意識して安全な誘導ができるようにしましょう。

ステップ3 とっさの行動マニュアル

地震

午睡中

事前　こんなときどうする？

午睡時間にも訓練をして子どもたちの反応を把握しておきましょう

＊保育室の整理整とんを心がける

午睡の時間は、布団を敷くスペースをつくるために備品をかたづける園もあるでしょう。そのとき、地震の揺れで布団に倒れてくるものや落ちてくるものがないか、安全の視点で確認することを忘れないようにしましょう。

ロッカーや棚は造りつけだからだいじょうぶと考えず、その上に置かれているものが飛んでくるかもしれないというイメージをもつことが大切です。午睡中は無防備な状態なので、迅速な対応がむずかしいことを認識してできるだけ安全な空間にするよう心がけましょう。

＊寝起きの反応をよく観察

午睡中に地震が起きれば、子どもたちは何が起こったのかも理解できない中で、様々な反応をするでしょう。訓練の目的の一つとして、▼誰がどのような反応をするか、▼起きてすぐに先生の指示通りに動けるか――という点を観察することにあります。上着や靴下を身につけるまでに要する時間を計り、もたもたしてしまう場合は子どもたちの負担を軽減する対策を検討しましょう。

午睡時の訓練をするときは、子どもの睡眠が短くなることを事前に保護者に伝えて、その日は早めに就寝させるなどの配慮をお願いしましょう。地震はいつ何どき起こるかわからないことを保護者にも理解してもらい、訓練で突然起こされたときの子どもたちの様子を伝え、自宅での対策の参考にしてもらうとよいでしょう。

訓練の流れ

1. 昼食が済んだら午後に訓練をすることを子どもに伝える（このとき午睡中にすることは伝えない）
2. 子どもたちがぐっすり寝入ったころを見計らって地震の演出をする→絵本を散らばせたり、Ｐ52の段ボール家具を転がしたり……（ただし発達に応じて配慮すること）
3. 「地震の訓練です、起きて！」と呼びかける　「布団をかぶって」「毛布で体を守って」など、具体的な指示を出す
4. 寝起きの子どもたちの反応をよく観察する
5. 「揺れがおさまりました。すぐに上着を羽織って、靴下を履いて」と指示する　（ここから時間を測る）
6. 「今日は園庭に避難します。その前にヘルメットと靴を履いて」と指示して誘導
7. 園庭に集まったら、保育者からの振り返りの話をして、終わる

地震

延長保育など

対応

こんなときどうする？

異年齢保育の中での子どもたちの動きに注意を払いましょう

＊不安な子どもの心に寄り添う

延長保育は異年齢の子どもたちで過ごすため、「ダンゴムシ！」と叫んでも、反応しない子がいるかもしれません。保育者は、「机の下に潜って」「頭を守って」と、誰にでも通じる言葉で指示します。小さい子には「先生のそばにおいで」と声をかけ、不安な気持ちを和らげてあげましょう。

特に日も暮れて、保護者のお迎えを今か今かと待ち望んでいるときに地震が起これば、しっかりものの年長児でも不安になります。また、ふだん使っている保育室と違う部屋では設備・備品も異なり、何が危険であるかを判断するのがむずかしくなります。そういった点も考慮して、保育者は適切な指示が出せるように努めましょう。

点呼の場面では、いつもは延長保育を利用している子が、その日は利用していなかったということもあります。その日の利用者の名簿に従って、落ち着いて確認をとりましょう。

＊異年齢のペアで避難

揺れがおさまったら子どもたちの負傷などの安否を確認します。延長保育の場合、外が暗くなっている場合もあるので、手分けして一方の保育者はすぐに明かりを準備します。

避難するときには、年長と年小のペアをつくります。年長児は小さい子を守ろうという気持ちもあり、小さな保育者の役割をしてくれることが期待できます。

防災のツボ

暗闇は子どもの不安感をあおります。突然の停電でも安全に避難できるように階段や手すり、廊下に蓄光テープを貼っておくと、その明るさで不安を軽減できます。

また、一歩先の危険を子どもたちが予測できると、恐怖心がやわらぎ落ち着いた行動がとれるようになります。「この先暗くなって見えにくいかも」「階段の手すりが壊れているかもしれないからよく見てね」「窓が壊れているかもしれないから近くに寄らないでね」などの声かけを心がけましょう。

地震 延長保育など

事前 ← こんなときどうする？

緊急時の子どもたちへの合図を園全体で統一させておきましょう

防災訓練中です
暗いので
お気をつけください

＊園の防災行動を共有化する

保育者間で緊急時の対処法を統一させましょう。担任と延長担当の保育者が異なった指示を出すと、子どもたちがどちらに従うべきかとまどいます。延長保育時間の指揮系統や行動を明確にしておきましょう。延長保育の時間を嘱託の職員が担当する場合は、その職員にも研修や避難訓練を通して、防災知識と認識を共有しておくことが重要です。

＊一時預かり保育

園では、延長保育のほかに一時預かりの子どもたちもいます。利用する保護者と子どもには事前に、地震が起きた際の行動について伝えておきましょう。

保育者が指示をしたらその通りに行動できるように、一時預かりをよく利用する親子には、園でおこなう避難訓練にも参加してもらうとよいでしょう。

訓練の流れ

① 「地震だよ」の合図で子どもを安全な場所に集める。
② 「これから暗くなるよ」と伝えたあとで照明を切る。
③ 「揺れがおさまったよ」と声をかける。別の職員がランタンなどの明かりを用意。
④ 「ケガしている子はいますか？」と声をかける。
⑤ 名簿をもとに点呼、負傷の確認。
⑥ 負傷した子どもの手当て。別の保育者は被害状況を確認。
⑦ ラジオをつけて情報を入手する。
⑧ 余震に備え危険なものを排除する。
⑨ 「このままここでお迎えを待とうね」と声をかけ、暗さを利用したあそびをおこなう。

※保護者に事前に説明した上で、入口にも案内の保育者を配置するか、貼り紙をしておく。廊下にも「防災訓練中。暗いので気をつけてお進みください。この先で園児が待っています」などと書いた貼り紙とランタンを置いておく。

昔ばなしの語りなどがgood

地震

園外保育

対応　こんなときどうする？

地域の人たちと協力して建物からはなれて安全な場所へ避難しましょう

＊落下物・建物の倒壊を避ける

屋外にいるときに災害に見舞われることほど恐ろしいことはありません。園内にいるときに比べて一層対処がむずかしくなるという認識をもちましょう。外出中は常に、どこにどのような危険があるか、いざというときの退避場所などを確認する習慣をもちましょう。いざ地震が発生したら、子どもたちは腕をクロスにして頭をガードしながら危険な場所からはなれます。

揺れがおさまったら負傷の状況を確認し、地域の人たちにも応援を求めながら子どもの救助と安全を優先します。保育者が負傷や生き埋めになったときは、「大声で助けを求めて」と子どもに伝えます。

その後、余震に備えすぐに安全な場所に一時退避し、そこで手当や点呼をします。落ち着いたら近くの避難所に向かうか帰園するかを判断します。

＊遠出をしたときの対処法

遠足やイモ掘りなどの園外行事で地震に遭遇することも考えられます。基本行動は前述したとおりですが、遠出しているので保育者も子どもも帰宅困難者になります。

交通機関が麻痺している中で無理に帰園するのは危険です。あらかじめ決めておいた手段で園に連絡をして状況を報告します。

保護者への引き取りについては外出先の避難場所まで来てもらうのか、行き違いや保護者が二次災害に巻き込まれる恐れがあるので帰園するまで待ってもらうか、被害状況や距離などを総合的に判断して速やかに連絡することが重要です。

地震のときに危険なもの

電柱・信号機・外灯・看板・窓ガラス・屋根がわら・建物の壁のタイル片・コンクリート片・室外機・ブロック塀・自動販売機・マンホールの隆起・道路の亀裂・橋の崩落・コントロールを失った車・老朽化した建物など

地震

園外保育

事前 ← こんなときどうする？

お散歩ルートの危険か所をしっかり把握しておきましょう

＊お散歩で防災教育

お散歩は子どもたちに防災教育をする絶好のチャンスです。例えば、歩きながら「今ここでぐらぐら揺れたら、何が危険だと思う?」と話しかけます。「ネコがびっくりして逃げる」「自分もゆらゆらする」など様々な答えが出るでしょう。それらを受け止めながら、「先生はね、これが危険だと思うよ」と保育者の考えを伝えます。

次の日は同じ場所で、「今ここでぐらぐら揺れたらどこに逃げる?」と話しかけてみましょう。日ごろから危険なものを認識し安全な場所を見つける力を育むトレーニングを、自然な形で習慣化し定着させましょう。

＊遠足は事前確認がすべて！

遠足の目的地を決定したら、防災の視点で確認すべきことがあります。園から遠くはなれた場所で被災した際、そこでの対応は「出たとこ勝負」では子どもたちを守ることはできません。下見こそがすべてという気持ちで事前対策に力を入れましょう。

下見のポイント

- **●ルートの安全**
  - ・バスや電車を利用中に災害に遭った際の対処方法を考える。
- **●目的地の災害特性を調べる**
  - ・水族館は海の近くにあることが多いので津波のリスクを調べるなど、目的地のハザードマップで事前に調査しておく。
- **●避難先の確認**
  - ・目的地近くの避難場所にも足を運び、災害時の受け入れについて相談しておく。
- **●災害時の医療機関の確認**
  - ・その地域の災害時の医療体制や負傷した際の搬送先医療機関の場所を、地域防災計画で確認しておく。
- **●連絡手段・保護者の引き取り方法の確認**
  - ・避難した場所を園や保護者に伝えるための通信手段を準備しておく。
  - ・保護者に引き取りにきてもらう方法も検討しておく。

一斉配信メール・SNS・ラジオで安否を伝えるなど、いずれかの連絡手段を決めておく（P18、19参照）

＊園外保育に携帯する防災グッズ

遠出をする場合

- ・簡易防災マニュアル
- ・地図
- ・拡声器
- ・応急手当用品
- ・笛
- ・携帯電話と手回し式充電器
- ・腕章…………職員であることを周囲に認識させるため
- ・トランシーバー

水害・洪水・浸水

河川決壊

対応 こんなときどうする？

正確な気象情報をチェックし 危険を感じたら早めに避難しましょう

自主避難の判断の目安

- 連続雨量が 100㎜を超え、かつ時間雨量が 30㎜を超えたとき
- 連続雨量が 150㎜を超え、かつ時間雨量が 20㎜を超えたとき
- 連続雨量が 200㎜を超え、かつ時間雨量が 10㎜を超えたとき

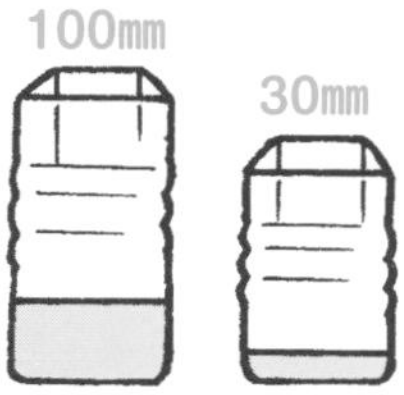

雨の強さと降り方

話し声がよく聞き取れない

傘が役に立たない

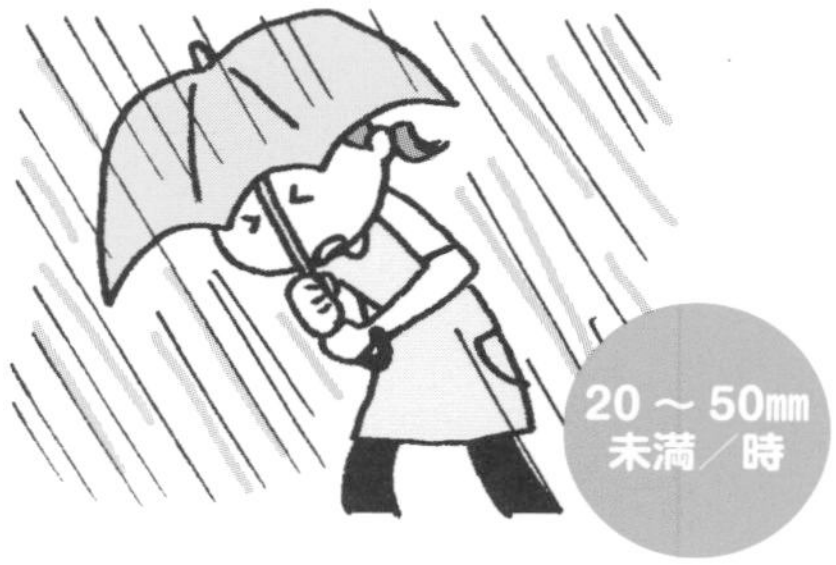

滝のようにゴーゴーと降り続く

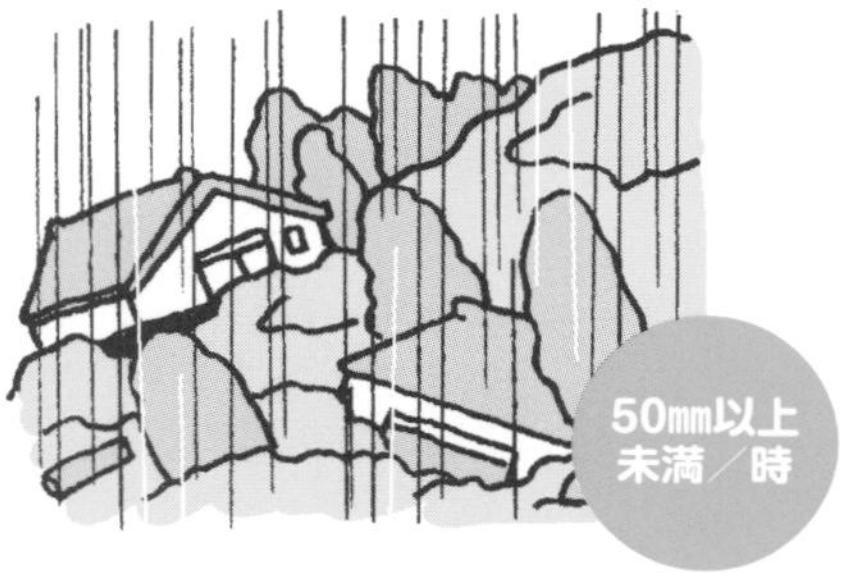

＊園周辺の降雨量を測る

雨は降り方が危険な状況になっても、異常に気づきにくく対応が遅れがちになります。雨の降り方が激しくなったら、テレビ・ラジオ・インターネットで最新の気象情報をつかみ、園のまわりに異常がないかを確認しましょう。近くに河川がある場合は、直接見に行かずに河川のライブカメラや自治体の防災情報メールを活用しましょう。浸水しやすい地域では早めに土嚢《どのう》を準備します。常に降雨量を意識し危険を感じたら、避難指示がなくても自主的に避難しましょう。

＊浸水時の対応

一般的に、浸水したときに歩いて避難できる深さの目安は大人のひざ下です。しかし園では、一番小さい子どものひざ下を基準に考え、したくの時間や歩行速度も考慮して早めの避難を心がけましょう。なお、下水道があふれた場合と異なり、洪水は流れがあるため、水位が低くても足を取られる危険性があります。床上浸水したら外への避難はせず、園の2階に移動しましょう。保護者が迎えに来たときにさらに水位が上がっていた場合、無理して帰らず園に留まることを促しましょう。

＊登降園時、こんなところは近づかない！

- 川・用水路・中州
- マンホールのふたが外れている場所
- 地下街、地下鉄、地下車庫、地下室
- 高架橋の下を通る道路（アンダーパス）
- 水が勢いよく流下している場所

＊保護者への連絡の目安

●注意報が発表された
➡休園の可能性を伝える
●警報が発表された
➡引き取り、休園

※自主避難した場合は、すぐに保護者に連絡します。ただし、保護者の安全を考慮し、無理して来ないようにとひと言添えます。

水害・土砂災害

河川決壊

対応 こんなときどうする？

土砂災害が発生するおそれのある危険か所は全国で約 52 万か所もあります

土砂災害の前兆

がけ崩れ

- がけにひび割れができる
- 小石がパラパラと落ちてくる
- がけから水が湧き出る
- 湧き水が止まる、濁る
- 地鳴りがする

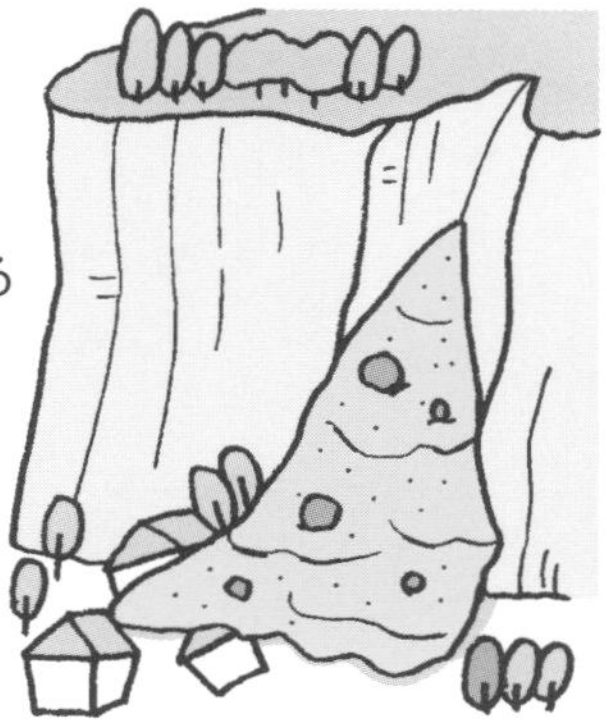

地滑り

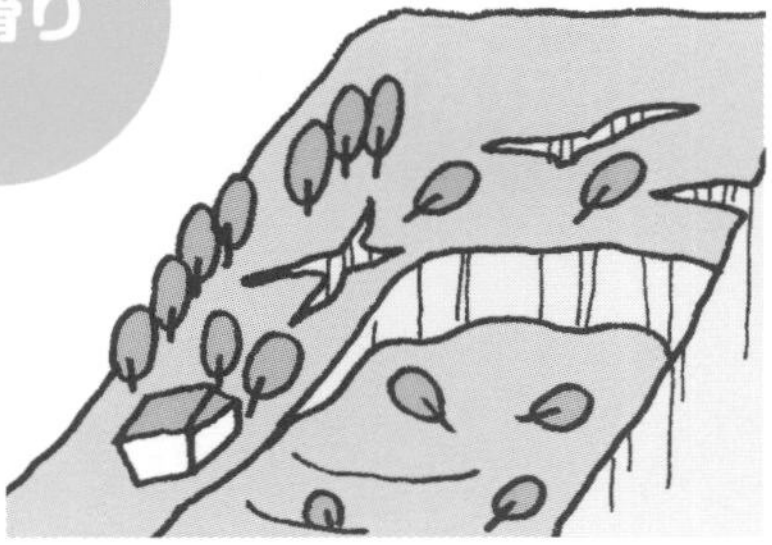

- 地面がひび割れ・陥没
- がけや斜面から水が噴き出す
- 井戸や沢の水が濁る
- 地鳴り・山鳴りがする
- 樹木が傾く
- 亀裂や段差が発生する

土石流

- 山鳴りがする
- 急に川の水が濁り、流木が混ざり始める
- 腐った土の匂いがする
- 降雨が続くのに川の水位が下がる
- 立木が裂ける音や石がぶつかり合う音が聞こえる

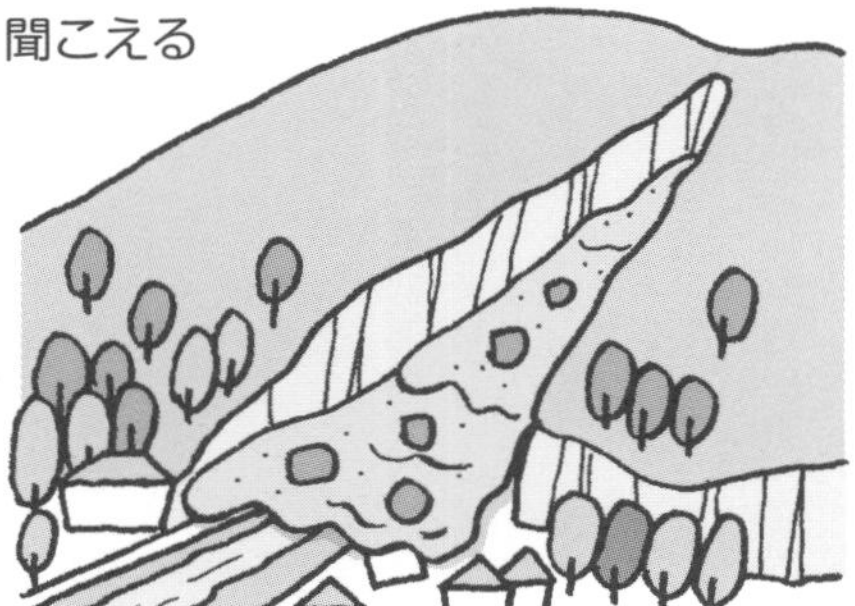

＊ハザードマップで地域の特性を知る

豪雨は洪水、浸水以外にも様々な災害を引き起こします。地すべり、土石流、山崩れ、がけ崩れといった土砂災害です。事前に自治体が発行しているハザードマップで、園が「土砂災害危険箇所」にあたるかどうか確認しましょう。大雨になったら気象情報に注意して土砂災害警戒情報が出されたら早めに避難しましょう。（P6参照）

＊土砂災害の恐ろしさ

土砂災害は突然起こるため、逃げる余裕もなく一瞬にして建物が土砂に飲み込まれます。命を守るには早期避難が重要です。土砂が流れる範囲を考え、下には逃げず流れに対して直角の方向に避難するようにしましょう。

自主避難の判断の目安

- **自治体から自主避難の呼びかけがあったとき**
- **自治体から避難準備情報が出されたとき**
- **前兆を確認したら**
- **近くで土砂災害が起きたら**
- **これまでに経験したことのない豪雨のとき**

防災のツボ

＊引き取りの留意点

園が「土砂災害危険箇所」にある場合、避難勧告が出た時点でお迎えに来ないように伝えましょう。保護者が土砂災害に巻き込まれる恐れがあります。避難場所に直接迎えに来てもらうこと、無理して引き取りに来ないことを伝えるようにしましょう。

水害

津波

対応 こんなときどうする？

津波から避難する4つのポイント

① 自己判断をしない

揺れが小さくても津波が起きることがあります。明治三陸地震津波（1986）のときは、沿岸の震度は３ぐらいだったと言われていますが、大津波が押し寄せて大きな被害をもたらしています。小さな揺れでも、まず避難しましょう。

② 俗説を信じない

日本海中部地震（1983）では、秋田県の小学生が海浜地域に遠足に来ていて、津波にさらわれる被害がありました。それまで「日本海では津波はない」という俗説が信じられていて、津波への警戒心が足りなかったようです。根拠のない俗説より、気象庁の津波情報をチェックしましょう。

③ 車で避難しない

車で避難すると狭い道路が渋滞し、津波にのみ込まれるケースがあります。登園・降園途中の園バスの中で地震に遭遇した場合、バスを乗り捨て、一刻も早く高台へ避難しましょう。

④「遠く」より「高く」

特に子どもたちを避難させるには、逃げるスピードに限界があります。遠くの高台より、近くの津波避難ビルにへ逃げましょう。

津波警報が出たら遠くよりも高い場所へ

＊自治体の避難指示を待たずに避難

津波から子どもたちを守るためには、避難のスタートを早くすることです。地震直後、津波警報が発表されたり、沿岸部で大きな揺れを感じたりしたときは、自治体から出される避難指示や勧告を待たずに速やかに避難しましょう。

また津波は、2波、3波とくり返して襲来するので、津波警報が解除されるまで決して園に戻ってはいけません。津波の襲来まで時間がある場合でも、ものを取りに戻ってはいけません。特に沿岸部や河川の近くの園では、地震の揺れがおさまり次第、子どもたちに防災ヘルメットをかぶせ、海抜が高いところや避難場所を目指して避難しましょう。

津波関連マークを覚えよう

津波注意（危険地域）：地震が起きたときに津波がくる危険性が高い地域です。

津波避難場所：安全な避難場所・高台であることを示しています。

津波避難ビル：津波避難場所、津波避難ビルであることを示しています。

＊もしも園外にいたら…

＜海岸にいるとき＞

近くに高台がない場合は、警報で発表されている津波の高さよりも高い建物を目指します。海水浴中の場合は、監視員やライフセーバーの指示に従って避難しましょう。

＜川のそばいるとき＞

津波は、川をさかのぼります。上流側に避難しても津波は追いかけてくるので、流れに対して直角方向にすばやく避難しましょう。

水害

津波

事前 こんなときどうする?

保護者や地域と避難方法を共有しておきましょう

＊津波避難訓練のポイント

すべての子どもたちが避難場所まで到着するのにどのくらいの時間を要するかを計り、目標時間までに間に合わなければ、ルートや誘導方法を検討して訓練をくり返します。例えば、全員で同じルートを通るのではなくクラスごとに違うルートで試してみるのも一案です。

車道の横断を安全におこなうために自治体に歩道橋の設置を相談したり、小さな子でも建物の上階に避難しやすくするために、建物の管理者に子ども用の手すりの設置をお願いしてみるのもよいかもしれません。こうした取り組みは地域の理解なしにはできません。地域の人と一緒に訓練することで住民にことの重大さを気づいてもらえるよう、積極的なアプローチをしていきましょう。

＊保護者と共有したいこと

●「津波てんでんこ」

東日本大震災以降、家族がはなればなれになっていても、それぞれが自分の命を守ることを優先して行動する「津波てんでんこ」の考え方が広まりました。これは、昔から津波被害に苦しめられてきた三陸地方の言い伝えですが、自分の責任で早く高台に逃げろという意味です。そのおかげで東日本大震災の被害を受けた岩手県釜石市の3千人近い小中学生のほとんどが無事でした。

園から保護者に対しても、子どもたちの安全を優先した行動をとるので保護者自身の安全を優先するように伝えましょう。

●発災直後の電話を控えてもらう

津波の襲来が予測される地域にある園では、何より避難を優先させなければなりません。保護者には、電話による安否確認は控えてほしいことを伝えておきましょう。電話を取ることに時間を取られて子どもの避難が遅れてしまうことや、安全な場所に落ち着いたら園から情報を発信することを話して理解と協力を得ます。

防災のツボ

＊確実に避難するために

当然のことではありますが、園舎の中で什器類の下敷きになったり、閉じ込められたり、ケガをした場合には、避難が遅れるどころか、避難できないままに津波に襲われるかもしれません。津波の危険がある園では確実に避難できるよう、一層安全対策に力を入れましょう。

火災

火災発生

対応　こんなときどうする？

炎よりも煙が怖い火災 初期消火と同時に速やかに避難しましょう

＊火災が発生したらすばやく避難

火災報知器が鳴ったら、火元を確認し消火すると同時に、速やかに子どもたちを避難させます。

火災で怖いのは炎よりも煙です。火災の煙には、一酸化炭素や硫化水素などの有毒ガスが含まれています。有毒ガスの濃度の高い煙を吸うと死に至るので、煙が充満する前に急いで避難します。

煙は毎秒３～５ｍの速さで上の階へ駆けのぼり、その後水平方向に広がります。大人が階段をおりるスピードが毎秒０・５ｍほどなので、驚異的な速さです。口を覆うハンカチよりも、すばやい避難を優先しましょう。

＊初期消火と避難のタイミング

①火事を発見したら周囲に知らせる。
・「火事だー」と大声を出す。
・非常警報設備（非常ベル・放送設備）があればすぐに起動する。
②消火器具を使用して初期消火に努める。このとき、けっして１人で対応することなく２人以上で対応する。
③炎の勢いが激しくなったり、炎が天井に達したら、消火をあきらめてすぐに避難する。
④避難の際、延焼を防ぐため火災が発生した部屋の窓とドアを閉める。
⑤姿勢を低くして床をはうようにして移動する。防煙マスクを装着していたらそのままの姿勢ですばやく避難する。
⑥視界が悪くて出口がわかりづらいときは、壁から手をはなさずに移動して出口を探す。
⑦いったん安全な場所に避難したらけっして戻らない。

できれば一人はすぐに消火を始め、一方は防煙マスクを取りに行き、消火にあたると安全です

何かを持ち出そうと、探したりしていると逃げ遅れます

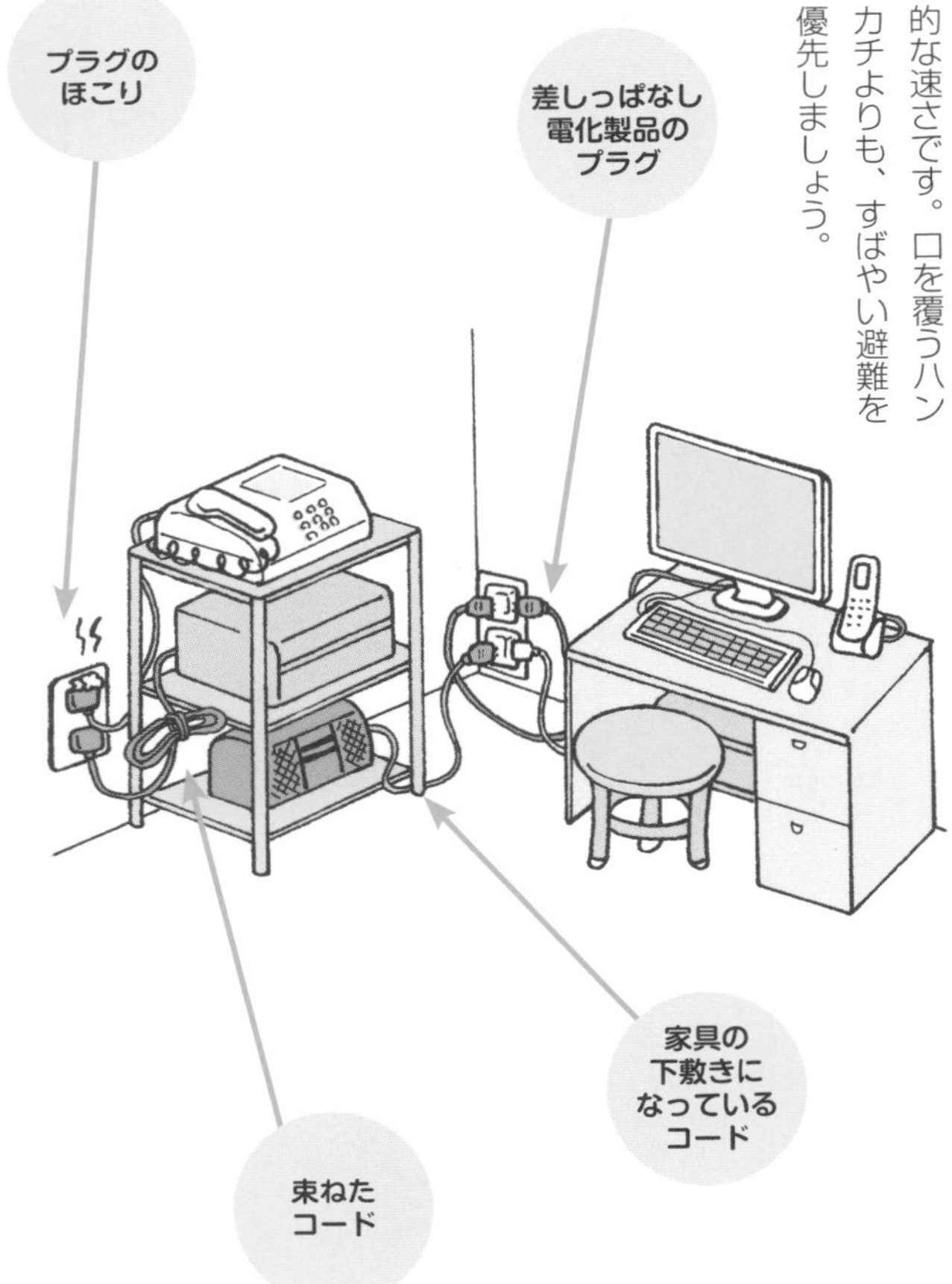

事務室から多発中！

電気火災を防ぐ

出火場所は調理室のように火を扱う場所ばかりではありません。事務室では電気火災の防止策を徹底しましょう。

チェックポイント

□コンセントとのすき間にほこりが溜まっていませんか？
ほこりが湿気を呼び、コンセントとプラグの間で火花が散り、発熱・発火するケースがあります。

□差しっぱなし電化製品のプラグは抜いていますか？
１つのコンセントから許容電流を超えて電力を供給すると発熱・発火の原因になります。

□コードを束ねていませんか？
束ねた部分は熱が貯まりやすく、ショートの原因となります。

□コードが家具の下敷きになっていませんか？
コード表面の劣化も発火の原因になります。

火災

火災発生

事前　こんなときどうする？

幼いうちから消火の正しい知恵を身につけましょう

＊消火教育のススメ

住宅のＩＨ化が進み炎を知らずに育つ子どもも珍しくない社会環境の中で、火の便利さと恐ろしさを教える防火教育はますます重要になってきています。子どもが身近に火を見るのは花火をするときや、誕生日ケーキのろうそくくらいかもしれません。楽しいイメージばかりではなく、扱いを間違えればやけどを負うことや、火災になるという、正しい知恵を幼児期から身につけさせることが大切です。

＊服に火がついたら

コンロの先にあるものを取ろうとしたり、花火やたき火をしているときに服に火がつくことがあります。化学繊維が使われている服は、あっという間に燃え広がります。さらに怖いからと走り出したら余計に燃え広がります。脱がせようとすると皮膚が一緒にはがれたり、顔をやけどしたりして重症化するおそれもあります。バケツの水をかけて消火するのが一番ですが、水を用意するまでの間に地面を転がって消火を試みましょう。子どもたちに転がる練習をさせておくとよいでしょう。

（Ｐ56参照）

訓練のコツ

火災訓練のプログラムに、火災報知機の音を「知る」、音に「慣れる」という項目を入れましょう。子どもたちには、報知音が何を意味して、どう行動すればよいかをあらかじめ伝えておきます。

実際の訓練では、

・あそびが盛り上がっていても報知音が聞こえるか

・園庭でも聞こえるか

など、様々なシチュエーションを想定して音が聞こえるかをチェックしましょう。

＊幼い心に「火の用心」の教育を

全国の自治体の中には、地域の消防署と園が協力して「幼年消防クラブ」活動をしているところがあります。おそろいのハッピを着て防火パレードをして地域の防火意識を高めたり、消火訓練を見学したりする活動をしています。このような活動に参加することも検討してみましょう。

火災

近隣火災

対応 こんなときどうする？

火災の規模・種類を把握して避難しましょう

＊いち早く避難の判断

消防車のサイレンが近くで鳴っていたら煙を探し、どこから出火しているのか確認しましょう。近くで火災が発生しているときは子どもたちを集め、いつでも避難できるように準備をしておきます。

別の職員は、火災の発生場所に様子を見にいきます。交通誘導している消防隊員がいたら、どのような状況かをたずね避難の必要性を聞きましょう。

爆発音がしたり、延焼の危険性があるとき、または黒煙や火花が園に及んできたときはすぐに避難を開始します。避難場所は風向きや火災の規模から判断します。

＊火災の情報はどこから得る？

正しい火災情報を入手するためにどこにアクセスしたらよいのか、事前に確認しておきましょう。

- □自治体や消防本部の WEB サイトで火災発生情報を見る
- □地元の消防団から情報を聞く
- □自治体の防災担当部署に連絡する

火災

近隣火災

事前 こんなときどうする？

地域の人と一緒に防災訓練をしましょう

火災や災害時には、いつも以上に地域の方からの協力が欠かせません。防災訓練をおこなうときにも、できるだけ地域の方々に参加してもらえるように声をかけましょう。その際、地域の方も交えたバケツリレーをおこなってみるのも一案です。（P60参照）。

逆に、地域の方々が主催する防災訓練は積極的に参加し、日ごろからの交流を図りましょう。

また、消防隊が消火活動をおこなうときに欠かせない「消火栓」や「消火水槽」が、園周辺のどこにあるか、地域の方々と一緒に把握しておきましょう。

＊保護者への連絡のタイミング

①近隣の火災発生を第１報で連絡
②避難したら第２報を発信
③その後の状況で引き取りに来てもらうかどうかを判断し、結果を発信
④鎮火したら、園舎の安全を確認して保育再開。保護者にも連絡する

その他災害

雷

対応 こんなときどうする？

雷鳴が聞こえたらすぐに避難しましょう

＊積乱雲が前兆です

落雷は、太平洋側は春から夏、日本海側は秋から冬に多く発生します。気象情報で、「大気が不安定な状態」と言われたら、その日は積乱雲を意識するようにしましょう。積乱雲の前兆として急に空が暗くなり冷たい風が吹いたり、ヒョウが降ってきたりします。このような現象があったり、雷鳴が聞こえたらすぐに屋外の行動を中止して建物や車の中に避難しましょう。

雷は高いところに落ちやすい性質があるため、散歩や遠足で山頂や尾根など周囲の開けた場所にいるときはすぐに退避します。

雷でもっとも危険なのは高いものの下に逃げ込むことです。雨宿りのために木の下に入るのではなく、高い木や電柱から4m以上はなれた場所で身を低くします。

海やプールに入っているときも、雷が落ちたら感電するおそれがあるためすぐに水からあがりましょう。

その他災害

雷

事前 こんなときどうする？

電気配線や配管は要注意！一度切る対策を

＊雷のウソ・ホント

Q 雷が光って音が鳴るまでの時間で、落雷の危険度が計れる？

＝ウソ

雷鳴が聞こえたら、音の早い・遅い、大・小にかかわらず落雷の危険性があります。

Q 金属を身につけていると雷が落ちやすい？

＝ウソ

金属をつけていてもいなくても、危険性に関係ありません。

＊屋内も安全だとは言えません

屋内にいても、電気配線や配管を通じて落雷の電流が流れてきます。建物に侵入した雷の電流で近くにいる人が感電することもあります。

保育者は部屋の中央に子どもを集めて、電気器具や天井・壁から1m以上はなれるようにしましょう。水道管や配管などの金属管を伝わってくる場合もあるので、蛇口を触れさせないよう手洗いも控えさせます。

事務室では、落雷による過電流でテレビやパソコンが壊れることがあるため、雷鳴を聞いたら大切なデータを保存しパソコンの電源を切り、電源ケーブルや外部とつながるケーブル類はすべて外します。貴重なデータを失わないために、事前に雷サージ対応の電源タップなどをコンセントに取りつけたり、雷サージ保護機能つきの無停電電源装置（UPS）を導入するとよいでしょう。

その他の災害

竜巻

対応 こんなときどうする？

コワイのはガラスの飛散 窓のない場所に 駆け込みましょう

＊竜巻から身を守る方法

積乱雲が近づく兆候や竜巻が見えたら、園舎にすぐに入ります。保育者は窓を施錠しカーテンを閉めます。子どもたちにヘルメットをかぶらせて、トイレなどのできるだけ窓の少ない場所に誘導します。園庭の物置やプレハブなどに退避させてはいけません。

散歩や遠足で園外にいた場合は、マンションやビルなど鉄筋コンクリートの頑丈そうな建物に避難させてもらいましょう。そして、建物の地下や階段室など、窓のない場所で様子をみます。駆け込める場所がないときには建物と建物の間にうずくまったり、側溝に身を伏せます。

＊竜巻の恐ろしさを知る

竜巻の恐ろしさは巻き上げられたものが猛スピードで飛んでくることです。強い風によって建物が倒壊したり、車がひっくり返るほどの強さがあります。

発生後数分～数十分で消滅するものの、その短い時間に狭い範囲に集中して甚大な被害をもたらします。園でできることは、事前に窓ガラスに飛散防止フィルムを貼っておくことです。

その他の災害

竜巻

事前 こんなときどうする？

正確に気象情報を入手しましょう

＊いち早く竜巻に気づくには

気象庁が発表する竜巻注意情報は、今まさに、竜巻の発生しやすい気象状況となっていることを知らせる情報です。

保育時間中にテレビを観られなくても、災害情報を確実に入手するためには、自治体が提供する防災情報メールサービスの配信登録をしておきましょう。竜巻注意情報は広い範囲を対象に発表されるので、必ず竜巻などの突風が起こるとは限りません。竜巻注意情報が発表されたら、空を見て積乱雲が近づく兆しがないか気にするようにしましょう。

＊前兆に気づこう

●積乱雲が近づく兆し

- 空が急に真っ黒になり、冷たい風が吹く
- 大粒の雨やひょうが降りだす
- 雷の光が見えて、音が聞こえる

↓ 兆候を感じたら、竜巻の接近を確認

●竜巻が迫っているサイン

- 黒い雲の底が、ろうと状に垂れ下がる
- ものやごみが巻き上げられている
- 土煙が近づいてくる
- ゴーという音がする
- 気圧の変化により耳に異常を感じる

↓ 竜巻の発生を確認したら

すぐに退避行動

その他の災害

火山噴火

対応 こんなときどうする？

広い範囲で降灰への備えが必要になります

＊噴火発生が予測された場合

・窓を閉めて、テープで目張りをして灰の侵入を防ぐ。
・パソコンなどの電子機器をフィルムで保護する。（食品ラップで包んでもよい）
・火山灰で詰まらないよう雨どいの穴を覆う。
・防災グッズを点検する。
・作業着に着替える。
・情報をこまめにチェックする。

＊避難する必要がある場合

土石流や火砕流などは早い速度で流れてきます。影響を受ける地域では噴火の可能性が高まったら、早めに自主避難しましょう。噴石から頭を守るためにヘルメットをかぶり、火山灰対策として防塵ゴーグルと防塵マスクを装着しましょう。子ども用のサイズがなければ、目はラップフィルムで、口は厚手のハンカチで覆うようにしましょう。火山灰は細かいガラスの粒子のような物質なので長そで・長ズボンの服とレインコートで体を保護します。

その他の災害

火山噴火

事前 こんなときどうする？

噴火レベルに応じた避難の判断は、事前に決めておきましょう

＊噴火警戒レベルをしっかり把握

噴火警戒レベルが運用されている火山の近隣にある園では、レベル4になったら避難の準備を始め、レベル5で避難を開始します。保護者にはレベル3で引き取りの準備をするよう連絡をしておきましょう。

園では事前に、どのレベルで休園にするかを自治体や関係機関と話し合っておく必要があります。

レベル1 火山活動は平常。
レベル2 火口周辺の立ち入りは生命に危険。噴火する予想。
レベル3 居住地域近くに影響が及ぶ噴火の予想。
レベル4 居住地域に重大な被害を及ぼす噴火の可能性が高い。
レベル5 居住地域に重大な被害を及ぼす噴火が切迫している。

保護者に引き取りの連絡（レベル3）
避難の準備（レベル4）
避難開始（レベル5）

＊園で準備しておくもの

防災用品に加えて

防塵マスク、防塵ゴーグル、降灰袋、スコップ、ガムテープまたは養生テープ
ヘルメット（噴石に備える）
つなぎの作業着またはレインコート、
軍手
作業用一輪車
ブラシ（衣服についた灰を落とす）

●火山灰の人体への影響と対策

・目に入ってこすると結膜炎や角膜剥離を起こすので、目に異常を感じたら水で洗い流す。
それでも痛みがある場合は眼科を受診する。
・吸い込むと呼吸器系の疾患を患い、ぜんそくなどの持病が悪化することも。子どもが嫌がっても防塵マスクの着用を徹底する。
・皮膚が敏感な場合、炎症を起こすことがある。肌を露出せず、触れないように軍手をする。

こんなときどうする？

ヘルメット＆防災ずきん

落下物から頭を保護することの重要性を子どもたちに指導しましょう

＊防災ずきんのかぶり方

1～3歳児はまずかぶる向きを理解することから始めましょう。防災ずきんの側面にクマやウサギなどのアップリケをつけ「ウサギさんと同じ向きで」など、子どもが自分でかぶろうとする声かけが大切です。

また、かぶること自体を嫌がる子どももいますから、ふだんから防災ずきんを身近に置いて、触れたりあそんだりして、慣れるようにしましょう。

防災ずきんをかぶると周囲の声が聞こえにくくなることや、頭が重くなるなどのデメリットを大人が理解して体験させるようにしましょう。

＊0歳児を守る方法

0歳児のいる園では、1人の保育者が2人を抱き、1人をおぶって避難することになります。保育者自身はヘルメットをかぶり、0歳児の頭をタオルで包み、全身はおくるみで巻くなど、身近にある布で保護してください。保育者自身はヘルメットをかぶり、0歳児の頭をタオルで包み、全身はおくるみで巻くなど、身近にある布で保護してください。

＊ヘルメットの重要性

防災ずきんは応急的であるのに対し、ヘルメットは落下物から頭を保護する機能が高いものです。防災ずきんを使用している園ではできるだけ早い時期に、ヘルメットに切り替えるようにしましょう。

＊ヘルメットの導入方法

新年度にヘルメットと防災ずきんのどちらを購入するのかを、保護者に希望をとる方法や、保護者と話し合いの上で、一斉に切り替える方法などがあります。園で防災備品をそろえている場合は、防災バザー（P66参照）で資金を調達する方法もあります。

大切なのはヘルメットの機能性や、子どもを守ることに万全をつくしたいという想いを保護者に理解してもらうことです。

＊ヘルメットの収納

導入時に園を困らすのがヘルメットの収納です。しかし「園児の安全を考えれば、スペースがないというのは単なる言い訳で、導入しようという気持ちがあればどうにでもなる」という園長先生の声もあります。収納場所については、ヘルメットの存在を日ごろから意識させるために個人用のロッカーに収納した園や、バスケットボール入れや衣類用ケースに一括して収納する園、自転車かご用の「ひったくり防止ネット」を利用して椅子の下にヘルメットをつけている園など、様々な工夫をしています。生活環境や子どもの年齢に合った備え方を考えてみましょう。

実践！ 防災あそび

ひとたび大地震が起きれば
たとえ大人が子どもの近くにいても
必ず守れるとは限りません。
子どもにも発達段階に応じた身の守り方を教えることが大切です。
しかし、恐怖心を植えつけるような過剰な刺激を与えないように
しなくてはなりません。
ふだんのあそびに防災の要素を取り入れたり
訓練でも楽しく学ばせたりと、
しぜんに身につくようなプログラムを取り入れましょう。

目で見て考える！

防災紙芝居

地震が起きたらどうする？ 防災紙芝居で楽しく学びましょう

進め方

①絵本の読み聞かせや紙芝居を見せる時間に、ときどき防災をテーマにした作品を選びます。

②地震が起きたときの約束ごと、津波はどんなものなのかなど、地震の知識を子どもたちに伝えます。

③子どもたちから質問があったときには、理解できるような説明をきちんとしましょう。

地震のときのお約束

地震が起きたときに身を守る方法をきちんと伝えます。なぜそうしなければいけないかの理由も具体的に説明して納得させ、いざというときの身の守り方を指導しましょう。

押さない・勝手に外へ飛び出さない

転んでケガをしたり、ものが倒れるかもしれないので危ないから

泣かない・騒がない

保育者の声が聞こえないから

顔を守る

跳ね返ったガラスが口や目の中に入ると危ないから

頭を守る

上からものが落ちてくるから

指導のポイント

- 防災の日に限らず日常の保育の中でくり返しおこなって、むやみに怖がらせることなく、しぜんに受け入れられるようにします。
- 保育者が一方的に教えるのではなく、「この絵を見て、何が危険だと思う？」と投げかけ、子どもたちと一緒に防災について考えましょう。
- 市販の防災紙芝居や絵本はありますが、子どもたちが大好きなキャラクターや子どもたち自身を主人公にして保育者が手作りすると、より理解が深まるでしょう。
- 津波についても理解させるために、飛行機や新幹線など身近な乗り物と比べて速さをイメージさせましょう。
- 各地域の災害リスクに関連したテーマを盛り込みましょう。

目で見て考える！

危険を学ぶ
防災カルタ

大雨だ
近づかないで
川や用水路
お？
はい！

いろいろな災害に対して「自分の命を守る」意識を育みましょう

進め方

①カルタを並べたら、保育者が札を読んで何回か練習します。

②子どもたちと次のようなルールを決めましょう。

(1)読み札を読み始める前は手をひざの上に置く。

(2)カルタを取るときには床にひざをついて、立ち上がらないで取る。

(3)見つけたら絵札にタッチして「はい！」と声を出す。

③子どもたちが慣れてきたところで、ゲームを始めます。

防災カルタ
は
け

指導のポイント

- 1枚も取れていない子がいたら、その子の近くの札を読んであげましょう。
- 熱中しすぎないように、ときどき読んだ札にまつわる防災の話をして息を整えましょう。
- 「全国労働者共済生活協同組合連合会（全労済）」のホームページ（http://www.zenrosai.coop/bousaicarta/index.php）から防災カルタをダウンロードできます。その内容を参考にして、保育者が各園の所在地に伝わる防災の知恵も入れて作るとよいでしょう。

災害を体験する

卵の殻の上を歩こう！

足元にも危険がいっぱい!!
卵の殻をガラスに見立てて感触を体験しましょう

進め方

①ビニールシートの上に卵の殻を敷き詰めます。

②地震が起きたときには床にものが散らばることを説明します。

③子どもたちに卵の殻の上をはだしで歩かせ、その反応をじっくり観察しましょう。

④歩き終わったとき、「床に散らばったものが割れたガラスのようにとがっていたら、踏んだときどうなる?」とか、「足をケガしたり、滑って体を傷つけないようにするにはどうしたらいいと思う?」などと、子どもたちに問いかけて考えさせます。

⑤「くつを履く」「絵本を敷いてその上を歩く」などの答えを期待しつつ、子どもたちの考えを受け止めましょう。

指導のポイント

- ●卵の殻はよく洗って乾燥させて使いましょう。
- ●保育者が踏んで安全を確かめてからおこないましょう。
- ●子どもの不安を取り除くために、まず保育者が歩く手本を示すことを心がけるとよいのですが、それでも嫌がる子どもがいたら無理強いしないようにします。
- ●卵の殻の上を歩いたあと、避難するときは前だけでなく、足元にも注意することをしっかり伝えます。
- ●卵アレルギーの子どもには体験させないようにしましょう。
- ●子どもの視野は大人より狭く、特に災害時は足元の危険に気づきにくくなります。体験を通して足元に散らばるものをイメージし、災害時に足元に注意させることが目的です。

災害を体験する

ぬいぐるみを助けて！

災害時、がれきの下敷きになった人を助ける方法を疑似体験しましょう

進め方

①人間に見立てたぬいぐるみや人形の上に、木やかわらに見立てた角材や大型積み木をのせます。

②保育者は、地震が起きたときにはものが倒れてはさまれることがあることを説明します。

③まず、保育者が状況を説明しながら、ジャッキを使って救出する手本を示します。

④保育者がそばについて、子どもたちがジャッキを使って人形を助けます。

⑤保育者とほかの子たちは、「がんばれ！」の声援を送りましょう。

準備するもの

- ●ジャッキ
- ●ぬいぐるみ
- ●角材、もしくは大型積み木
- ●ヘルメット　●軍手

指導のポイント

●ジャッキの使い方を間違えるとケガをすることもあります。あそびでやってはいけないこと、必ず保育者と一緒にすることを伝えます。

●実際には子どもが救助することはありませんが、身近なもので人を助けられることを伝え、困っている人を助けるやさしい気持ちを育てましょう。

●子ども自身ががれきにはさまったときを想定し、必ず助けが来るから安心して待つよう伝えましょう。

●子ども自身、もしくはほかの人がはさまったことを大人にすばやく伝えるには、以下のような方法があります。
＊近くにあるものをたたく
＊ほこりが静まってから大きな声を出す
＊笛があれば吹く

大変だ〜！　災害を体験する

地震で段ボールの家具が散乱！

地震が起きたら保育室の中はどうなる？ とっさのときに身を守る術を練習しましょう

進め方

①家具に見立てた段ボール箱を積み上げておきます。

②保育者は子どもたちに、地震が起きたら家具が倒れて危険なので、机やテーブルの下に隠れるように伝えます。

③保育者は「地震だ〜！」と叫び、子どもたちがテーブルの下に隠れたことを確認します。

④保育者が、家具に見立てた段ボール箱を倒します。

⑤テーブルの下に隠れられない子もいるでしょう。そのときは、ダンゴムシのポーズをしたり、防災ずきんやヘルメットをかぶるよう伝えます。

⑥疑似体験のあと、「段ボール箱が本物の家具だったらどうだろう？」と、子どもたちと一緒に考えます。「倒れないようにする」などの意見が出たら、段ボール箱をガムテープで床に固定して倒れないことを確かめます。

指導のポイント

- 保育者の「地震だ！」の声に慌て、足からテーブルの下に隠れる子もいるので、注意が必要です。そうした子がいれば、頭を守る大切さを伝え、頭から入るように促しましょう。
- このあそびを通して、防災ずきんやヘルメットがある場所をしっかり覚えさせるようにします。
- 段ボール箱にテレビやタンスの絵を描けば、リアリティが増します。
- 段ボール箱を積み上げて家を作り、その中に子どもが入って、保育者が家を揺らして崩せば「倒壊体験」もできます。

災害を体験する

もしもし伝言ゲーム

正確な情報を入手できない状況で人づてに情報が入ってきた場合、必ずしもその内容が正しいとは限りません
人を介すことで伝言内容が変わっていくことを楽しみながら学びます

進め方

①5人から8人を1グループとして1列に並びます。

②各列の一番前の子どもを集めてメッセージを伝え、後ろの人に同じ内容を耳打ちするように説明します。

③伝言を耳打ちしているときはほかの人は耳をふさぐように指示したら一斉にスタート。

④最後まで伝わったら、各列の最後の人が前に出て内容を発表します。

指導のポイント

- 発達段階に応じて、伝えるメッセージは必ずしも防災をテーマにしなくてもOK。
  例）黄色いパンダが青い花を持って園長先生に会いに来ました。園長先生はお礼にパンダに赤いリボンをあげました。
- 年長児には、ゲームが終わったら災害でラジオやテレビが利用できなくなると、正しい情報が伝わりにくくなることを説明しましょう。
- 雨の日、雪の日、風の強い日など外であそべないときにも楽しめます。
- 子どもだけでなく保護者や地域の方を交えておこなうのも楽しいあそびです。

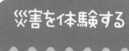

災害を体験する

暗闇でもへっちゃら！
停電体験

地震や台風などで停電になったときを想定し暗闇を怖がらないように慣れさせましょう

暗闇に目を早く慣れさす方法

①片目を交互に閉じる
②目をギュッと３秒間閉じて目を開く

進め方

①保育室と廊下にランタン（まだOFF状態）を配置します。
②子どもたちが転倒しないように保育室をかたづけ、暗幕を引いておきます。
③照明を落とす前に停電のときはどんなことが起こるかを話します。
④これから照明を落として暗くすることを説明して手をつながせます。
⑤照明をおとし、だんだん目が慣れてきて周りが見えることを説明します。
⑥慌てないで行動できるように、懐中電灯を持ってほかの部屋へ移動します。

指導のポイント

- 乳児には、怖がらせないように「だいじょうぶだよ」「先生がいるからね」などと、やさしく語りかけましょう。
- ４・５歳児は、トイレへ行ったりする体験もするとよいでしょう。
- 子どもたちが怖がるようであれば、少し明かりをつけて落ち着かせます。
- お迎えに来た保護者が混乱しないように、事前に停電体験をすることを伝えておきます。
- 廊下やトイレには、必ず誘導する保育者を配置します。

災害を体験する

地震マンと津波マン登場！

災害時にどんな行動をとればよいか
キャラクターを作ってあそびながら伝えましょう

地震だぞー！
!?
地震マン

津波が来たぞー
津波マン

進め方

①保育者が考案した地震マンと津波マンのキャラクターを作ります。

②園庭に子どもたちを集め、地震と津波はどんなもので、どんな被害があるのかを伝えます。

③地震が起きたときの対処方法、津波が来たときの避難方法を教えます。

④保育者が「地震だ！」と叫ぶと同時に、地震マンが登場し、子どもたちはダンゴムシのポーズをとります。

⑤保育者が「津波だ！」と叫ぶと、津波マンが登場して暴れ、子どもたちは築山など高いところへ逃げます。

指導のポイント

- 園庭に築山がない場合は、走って逃げたり、遊具にのぼってもよいでしょう。
- いくつかの「体験あそび」を組み合わせ、防災訓練のイベントにしても盛り上がります。
- 作ったキャラクターは、「地震の揺れ体験」など、ほかの体験場面でも登場させると効果的です。

実践！

災害を体験する

火事だーって知らせよう！

火事を見つけたら
まわりが騒がしくても
大きな声で
大人に知らせる訓練をしましょう

進め方

①段ボールや厚紙で炎を作り、保育室の中に炎を隠します。

②ジャンケンなどで炎を見つける係の子どもを一人選びます。

③ほかの子どもと保育者は歌をうたいます。歌が始まったら、係の子は保育室内の炎を探します。

④炎が見つかったら、「火事だ～！」と大きな声で叫びます。

⑤ほかの子どもたちは、「火事だ～！」の声が聞こえたら座ります。全員が座ったら大成功です。拍手で称えましょう。

指導のポイント

- 炎を見つけたら、近づかずに大声を出しながら逃げることを伝えます。
- 園庭など広い場所でおこなうときは、ほかの子どもは、間隔をあけて１列に旗を持って立ちます。「火事だー」の声が聞こえたら旗をあげ、次の人に向かって叫んでリレーのようにするとよいでしょう。
- 大声が出せない子どもがいても、出そうとする努力をたたえてあげましょう。

実践！

災害を体験する

火がついたらゴロゴロしよう！

洋服への着火を想定し
ゴロゴロ転がって
火を消す対処法を学びましょう

準備するもの

- マット
- 赤い折り紙
- 両面テープ
- はさみ

進め方

①赤い折り紙を炎の形に切って、炎を作ります。

②子どもたちに、どんなときに洋服に火がつくかを説明します。

③洋服に火がついたら、花瓶の水でもよいので水をかけること、水がないときはゴロゴロ転がることを教えます。

④炎の白色側を洋服に貼りつけ、床をゴロゴロ転がります。じょうずに転がると、赤色側の両面テープが床に貼りついて炎が取れます。

指導のポイント

- 床にマットを敷いた上でおこなうと、頭をぶつけることもなく安全です。
- 保育者がまず手本を見せましょう。
- 炎を貼るか所は、腕やおしりなど転がってはがれやすいところを選びましょう。
- 子ども同士がぶつからないように、間隔を充分にとりましょう。

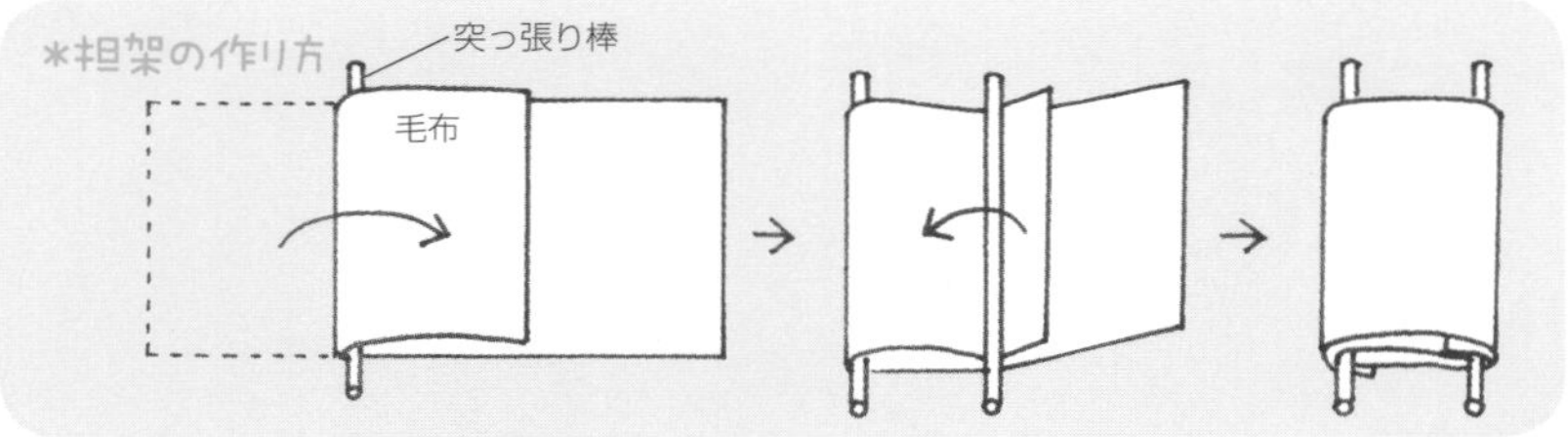

災害を体験する

くまさんが大変！病院へ運ぼう

ケガしたくまさんをみんなで病院へ
身近なものを使って搬送体験をしましょう

進め方

①くまさんに包帯を巻いてケガをしたように演出します。

②くまさんを安全に病院へ連れて行く4通りの運び方を伝えます。

a突っ張り棒に毛布を巻いて応急担架を作り、くまさんを乗せて運ぶ。

b毛布の端を丸め、その毛布にくまさんを乗せて運ぶ。

c椅子にくまさんを座らせてひもで体を固定し、椅子を持ち上げて運ぶ。

d毛布にくまさんを寝かせ、毛布の一辺を引っ張って運ぶ。

準備するもの

- 大きなぬいぐるみまたは人形
- 包帯
- 毛布
- 突っ張り棒（100円ショップで購入できる）
- 椅子
- ひも

指導のポイント

- 子どもに負担のない重さのぬいぐるみ、または人形を選びます。
- 落としたらケガが悪化するので慎重に動くこと、みんなで運ぶときには声を合わせてタイミングを同じにすることを伝えましょう。
- 子どもは実際には搬送することはなくても、大人になってできるように覚えておく大切さを、きちんと説明しましょう。

災害時に身を守る

揺れたらダンゴムシ©

子どもたちが大好きなダンゴムシをまねて地震時の身の守り方をレッスンしましょう

進め方

①地震が起きたら、いろいろなものが落ちたり飛んできたりする状況を説明します。

②子どもたちに「とがっていたり硬いものが落ちたり、飛んできたりしたらどうする？」と質問します。

③②の答えを受けたあと、「じゃあ、ケガをしないためにはどうしたらいいと思う？」と問いかけます。

④③の答えを受け、机の下に潜ったりヘルメットや防災ずきんをかぶると身を守れることを確認します。もし、どちらもないときには、絵本やカバンを頭にのせても代用できることを伝えます。

⑤絵本もカバンもないときには、「ダンゴムシのポーズ」で身を守ることを話します。

ダンゴムシのポーズ©

●両手で水をすくうまねをします。

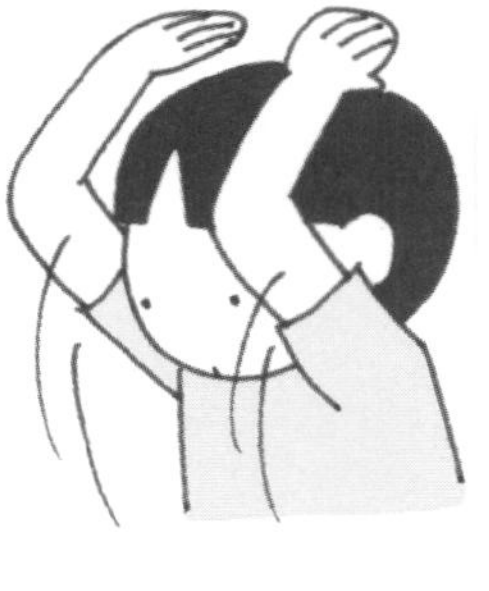

●すくった水を頭の後ろにかけるように頭を覆います。

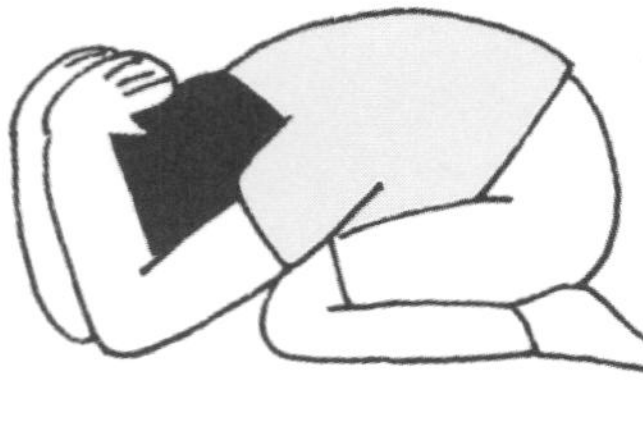

●手を頭の上に置いたまま、体をダンゴムシのように丸めます。

指導のポイント

●体の中で一番に守らなければならないところが頭だということを伝えます。

●低年齢児の場合は言葉で伝えるより、ダンゴムシをイメージさせて体得させるほうがよいでしょう。

●「落ちた、落ちた、何が落ちた……」などのあそび歌を使って練習するのもよいでしょう。

指導のポイント

頭と手の間を少しあけておきましょう。

災害時に身を守る

すばやく行動！ くつ取りゲーム

はだし保育や午睡時の避難ではむやみに動くと危険！
「先生のところへ集まれー」の訓練以外にも
「動かないで！」と指示してくつを履く訓練をしましょう

進め方

①地震の揺れがおさまり、園庭へ逃げる設定にします。
②保育者がクラスの人数分の防災用のくつを無作為に投げ、「くつを履いて！」と呼びかけます。
③子どもたちはくつを履き、保育者の誘導で園庭へ出ます。

指導のポイント

- ものが散乱した場所から安全に避難するためにはくつが必要です。防災用にクラスの人数分のくつを袋や箱に入れて常備しておきましょう。
- 他人のくつや左右逆のくつを履くのを嫌がる子もいます。このゲームをくり返して経験し、どんなくつでも履けるようにします。
- 防災用のくつは、古くなったものを保護者から寄付してもらうとよいでしょう。
- くつはキャラクターがついていると履きにくいので、シンプルな上履きのようなものがベストです。

災害時に身を守る

みんなで協力して バケツリレー

火に近づかないことを徹底しつつ
バケツの渡し方を練習しましょう

準備するもの

- 子どもが持ちやすいバケツ
- 火の絵（プラスチックのシートに水性ペンで火を描いて、段ボールなどに貼る）
- 水を入れておく大きなたらい

進め方

①保育者がたらいからバケツで水をくみ、1人目の子どもに渡します。
②バケツを受け取った子どもは、水をこぼさないように、次の子に渡します。
③最後に並んでいる子どもから保育者がバケツを受け取り、火の絵に水をかけます。
④リレーをくり返し、水性ペンで描いた火の絵が流れて消えれば消火完了です。

指導のポイント

- 実際に火事を見つけたときは大声で大人に知らせること、絶対に火に近づかないことを徹底して教えます。
- バケツリレーでも、水をかけるのは保育者です。
- 水をこぼさないようにするには、どうすればよいかを考えさせましょう。
- 運動会で住民や保護者を交えた競技にしてもよいでしょう。
- バケツのかわりになる身近なもので試してみましょう。
例）ペットボトル・ビニール袋・ズボン（足の部分をきつくしばる）・ボウル・帽子など、身近にあるものを使う知恵を伝えましょう。

ケガをした人のために

アイデアで乗り切る

シーツで包帯作り

非常時に必要になる包帯を作って誰かの役に立とうとする意識を育てましょう

シーツなどの布を10cm幅に細長く切る

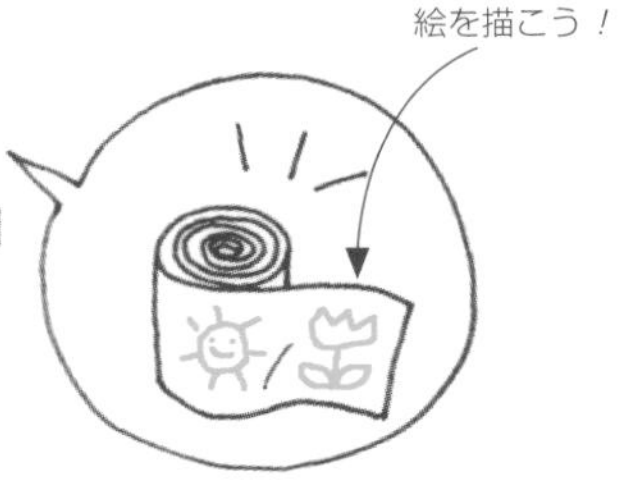
絵を描こう！

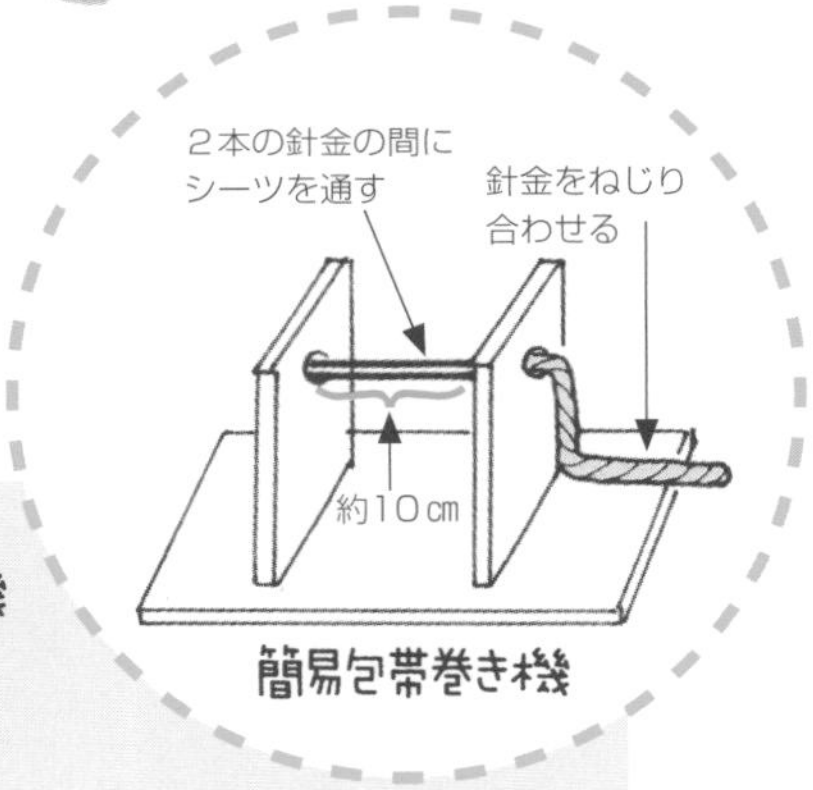
2本の針金の間にシーツを通す
針金をねじり合わせる
約10cm
簡易包帯巻き機

準備するもの

- 簡易包帯巻き機
- 10cm 幅に切ったシーツ

進め方

①3人1組のグループをつくります。

②地震が起きるとたくさんの人がケガをすることを説明します。

③「ケガをして血を流している人がいたら、どうすればよいと思う？」と、子どもたちに投げかけ、その答えを受け止めながら包帯の必要性を伝えます。

④包帯の必要性がわかったところで、自分たちでも作れることを話し、作り方を説明します。

⑤包帯巻き機を使って、3人で協力しながら裂いたシーツを包帯のようにして巻きます。

指導のポイント

- シーツは、保護者に協力してもらって使わなくなったものを洗って持ってきてもらうとよいでしょう。
- 包帯に字や絵で、メッセージを書いてもよいでしょう。
- 巻き終わった包帯は、備蓄倉庫に入れておきます。
- 災害時には、たくさんの包帯が必要になることを伝えます。
- 子どもたちが作った包帯が、誰かのために役立てられることを伝えましょう。

実践！

大きい アイデアで乗り切る

ビニール袋で防寒着&レインコート

寒さや雨から体を守る防寒着とレインコートを作ろう

作り方

防寒着

①厚紙を用意し横20㎝、縦1㎝に切って型紙を作ります。

②型紙には横10㎝のところ（中央）に印をつけます。

③ビニール袋の輪の中央に印をつけます。

④ビニール袋の中央と厚紙の中央を合わせて、型紙をペンでなぞりその大きさを切ります。

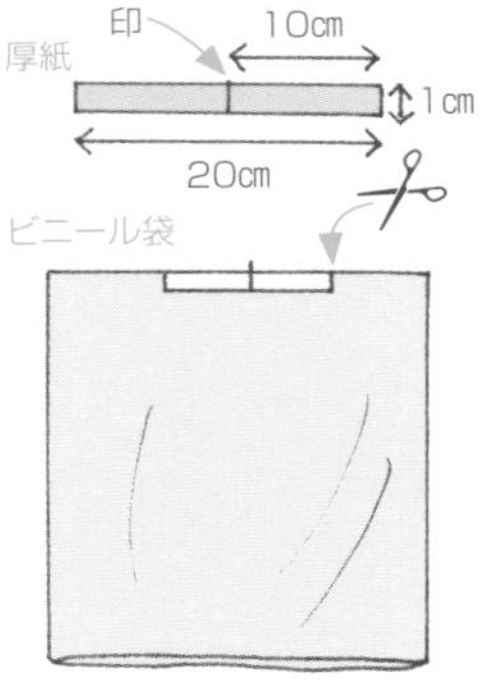

レインコート

⑤防寒着の袖部分を切れば完成。

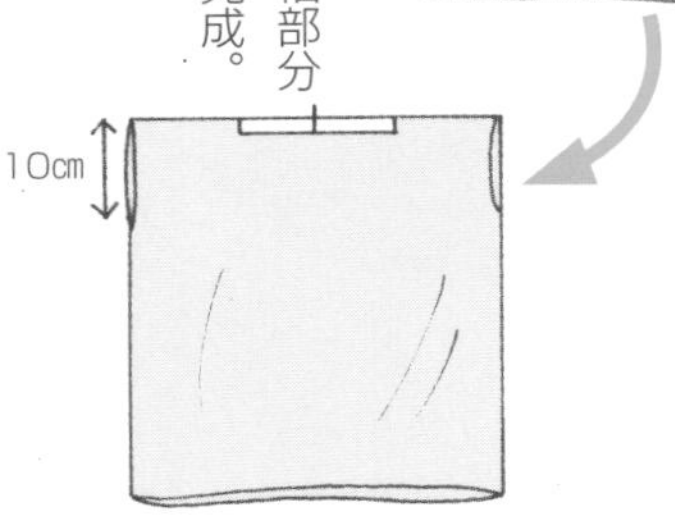

準備するもの

- 45リットルのビニール袋
- 厚紙
- ハサミ
- ペン

実践！

アイデアで乗り切る

簡易枕と布団

身近にあるもので枕と布団を作ってみましょう

作り方

①新聞紙をくしゃくしゃに丸めて大きなビニール袋に詰めます。

②たくさん詰めることができたらガムテープで閉じます。これで布団は完成！

③新聞紙を長細く丸めてテープでとめます。

④小さめの袋にくしゃくしゃに丸めた新聞紙を入れます。その真ん中に③を入れると、ちょうどよい硬さの枕になります。

⑤敷布団のかわりにプッチンマット（気泡シートの凹凸部を下にする）を床に敷きます。

⑥かけ布団・枕・敷布団ができあがったら寝てみましょう。

指導のポイント

- 自宅の布団に割れた窓ガラスが落ちて使えなくなったときは、身近にあるもので作ることができることを説明しましょう。
- 新聞紙はできるだけくしゃくしゃにして丸めると寝心地がよくなります。
- ①の作業をする前に、ビニール袋にあらかじめ絵を描いておけば、すてきな布団になります。
- ②を何個かガムテープでつなげると、大きな布団が作れます。

日ごろからの 保護者との連携

園防災は園だけで対応しようとすると
負担は大きくなります。
予算や人手の問題で悩んでいるなら、
たとえば什器類の固定や滑り止め対策、
不必要なものの整理、遊具の点検などに
保護者の力を借りるのも一案です。
保護者の協力によって
持続可能な防災を充実させましょう。
さらに園は、地域の一員でもあり、
ご近所の人たちとの連携も大切です。
日ごろから保護者・地域の人たちとの
協力体制も整えておきましょう。

連携

保護者と一緒に学ぶ

保護者と一緒に子どもの命を守る協力体制を整えましょう

子どもたちをしっかり守るには、園と保護者とが一丸となる必要があります。防災意識の薄い保護者にも危機意識をもってもらうため、自治体の防災担当者や消防、防災の専門家、医療関係者など外部講師を招いて、講習会を開きましょう。

ともに学ぶことで、園の課題を見つけることもできます。ほかにもホームページや園だより、掲示板などで、機会があるごとに防災の重要性を訴えていきましょう。

＊園から保護者へ情報を発信！

日ごろの園の防災への取り組みは、園だよりなどでこまめに保護者に伝えましょう。避難訓練や防災関係の行事の際は、訓練の様子をその日のうちに掲示板に貼り出すのも効果的です。写真入りでわかりやすくお知らせすれば、保護者の興味もわくでしょう。

特に乳児クラスでは、初めて子どもを預ける保護者も多いため、園での取り組みを伝えると安心してもらえます。保護者自身が防災意識をもつきっかけにもなります。

＊保護者参加の防災訓練

園庭に避難するだけの訓練では臨場感が薄く、危機感も感じにくいものです。消防や防災関係者の協力を得て、訓練を実施するのも一案です。

例えば、起震装置のついた車両で地震の揺れを体験するのもよいでしょう。園だけで呼ぶことがむずかしければ、地域と連携する方法も考えられます。このときに保護者の参加を促し、園児とともに地震体験車に乗ったり、バケツリレーをするなどの防災プログラムを体験することで、保護者の意識も高まります。

日ごろからの…

連携 保育室の安全を確保

園を開放して保護者と一緒に総点検！みんなの力で修理・修繕をしましょう

保護者が来園する際に、子どもたちが安全な環境で過ごせているかどうかを見てもらいましょう。保育者が気づかなかったところに新たな気づきがあるかもしれません。保育者と保護者が一緒に点検し、必要と思われるところは速やかに対処しましょう。

特に子どもたちが、1日のうちで一番長い時間を過ごす保育室では、

- 照明のガラスが落ちてこないようにカバーを取りつける
- 棚が倒れないように専用器具で固定する
- 窓ガラスにガラス飛散防止シートを貼る
- 棚の中のものが飛び出さないように滑り止めシートを棚板に敷く
- CDプレイヤーの下には滑り止めシートを敷く

などを、保護者に協力してもらうとよいでしょう。こうした取り組みを、家庭でおこなってもらえるように伝えることも大切です。

＊園庭をチェックしながら引き渡し時の確認

園庭にある遊具、樹木、フェンスなどの位置から避難するのに適した場所を確認します（P26、27参照）。このとき、保護者が子どもを引き取るときの受け付け方法や保護者の動き、子どもの待機場所などについて一緒に確認するとよいでしょう。

＊防災グッズ・備蓄のチェック

定期的に、園で用意している防災用品・食糧の備蓄状況を保護者にも伝えておきましょう。子ども用のヘルメットなど、必要でありながら用意できていないものについても伝えます。保護者と一緒に、防災用品を充実させるための話し合いをしましょう。

備蓄品の非常食も点検し、賞味期限が近いものは、この日に参加者みんなで調理して食事会をするのもよいでしょう。実際に食べることで、災害時のイメージをもてるようになります。

連携

地域の人たちも招いて 防災バザー

少ない予算でもだいじょうぶ！こんな工夫で園防災の強化を図りましょう

園の防災対策には、かなりの費用がかかります。そこで、防災グッズの購入や園舎・設備の修理・修繕費を集める方法として、「防災バザー」があります。実施計画と目標額を決めると、保護者の意欲も高まるでしょう。通常のバザーとは異なり、地域の人たちにも協力してもらうことで、売り上げが伸びることが期待できます。

　バザーで売るものは、各家庭で使わなくなったものや、保護者と保育者合作のやきそばやクッキーなど、どんなものを提供できるかも一緒に考えてみましょう。

　防災バザーに地域の人たちを招くためには、日ごろからのおつき合いが大切です。地域の人たちも、広い意味で子どもたちの保護者だと考え、運動会や花火大会などの行事に招くなど、いざというときに助け合える関係をつくっておくとよいでしょう。

＊防災グッズを100円ショップでそろえる

　もしも園で被災したとき、救援活動や支援体制が整って救援物資が届くまでの間は、園の備蓄品で過ごすことになります。地域の人たちの避難場所になる園であれば、そろえておきたい備蓄品の種類・数も多くなるでしょう。

　また、園の施設・設備の修理や修繕にも道具類や防災グッズが必要となり、出費がかさみます。そんなときに頼りになるのが100円ショップです。例えば、立ち入り禁止を伝えるトラテープ、滑り止めシートのほかにも、給水袋、簡易トイレ、レインコート、包帯、ガーゼ、マスクなど。防災ベストや防災リュックに入れておきたいものがそろいます。

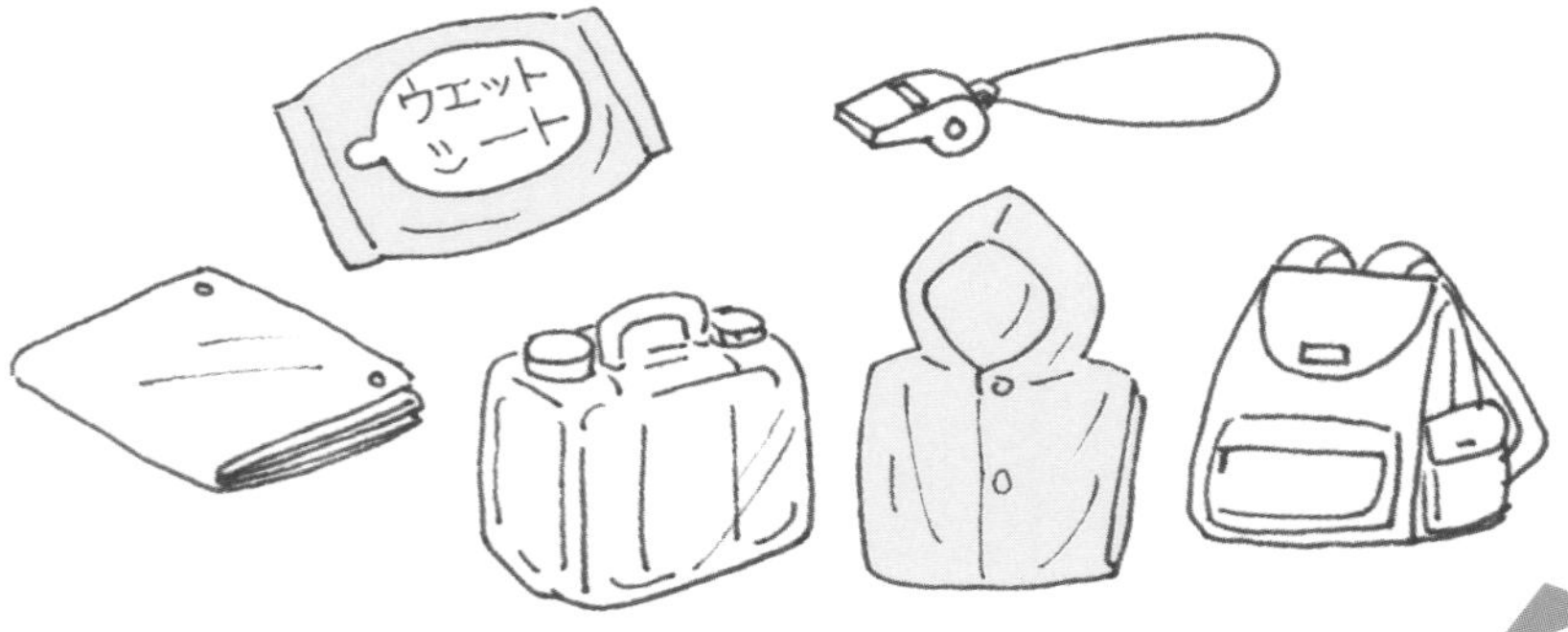

日ごろからの…

連携

情報の共有で パニックを避ける

既存のマニュアルでは対応できない園の避難行動を保護者と共有しましょう

東日本大震災で大きな問題になったのが、保護者との連絡手段でした。それまでは「引き取り訓練もおこなっているし、園からの一斉メールがあるのでだいじょうぶ！」と思っていた園が多かったようです。

　ところがいざ災害が起こると、パソコンの破損、停電で情報の送受信ができない、携帯電話も使えない、という状況も考えられます。

　現在では、災害時に強い通信網の確立も急がれていますが、何が起こるかわからないのが災害の怖さです。P18、19のように園で決めた連絡方法を周知しておく必要があります。日ごろから、園だよりや掲示板などで情報を発信しながら、保護者会や面談のときにも情報が共有できているかを確かめましょう。

＊ひろば園の避難行動

●園と保護者の共有情報（地震の場合）

・震度５強以下ならば、園に留まって保護者のお迎えを待つ。

・震度６弱以上ならば、第一次避難所の○△□公園に避難する。もしも、その公園が避難者でいっぱいだった場合は、広域避難場所の☆☆☆グラウンドに向かう。

　このように、あらかじめ保護者が園の初動対応をわかっていれば、万が一連絡が取れなくなっても不安になることもなく、落ち着いて行動できるでしょう。

　東日本大震災のときの経験から、防災対策の一環として、地域のＦＭラジオ局と地域の連携が進みつつあります。大震災当時、地元のＦＭラジオ局がいち早く地域の情報や安否情報を発信していました。

　園も、日ごろから地域のＦＭ局と連携をとりながら、いざというときに園の情報や安否情報を出してもらえるようにしておくと安心です。

連携

預かり備蓄システム©のススメ

園児が災害時に必要とするものを保護者から預かって備蓄しましょう

　東日本大震災以降、園での備蓄も広がってきました。しかしながら、買い替えの予算や期限の管理、おむつ・ミルク・離乳食などの発達段階に応じて必要なものや、食物アレルギーなど、個々の子どもの特性に対応することはむずかしいものです。

　それらの問題を解決する方法として「預かり備蓄システム©」があります。園は、同じ大きさの箱や袋を渡して中身は保護者に用意してもらうというシンプルな仕組みです。

　その備蓄品は、夏休みや冬休み前に自宅に持ち帰り、中身の入れ替えをしてもらいます。休み明けに再び持ってきてもらい、園で保管すればよいのです。

　大型の休みごとに持ち帰るため、いわゆる保存期間の長い非常食である必要はありません。市販のものでよいので、保護者の費用面での負担も軽くなります。おむつや下着もサイズを確認してもらいましょう。

　こうしたやり方は、園の負担が軽減されるだけでなく、保護者の防災意識を高める効果もあります。保護者と互いの事情を理解して協力し合い、災害時の備えを考えていきましょう。

＊預かり備蓄システム©のポイント

- ●同じ大きさの箱・袋を用意する
- ●生ものを入れない
- ●こういったものを入れてほしいとはっきり伝える

＊これがあれば落ち着くものを一つ

　子どもが不安を抱えていたり、機嫌が悪かったりしても、これがあれば安心して過ごせるというものがあるでしょう。心がやすらぐものは、絵本だったりおもちゃだったりと、一人ひとり違います。それを一番知っているのは保護者なので、園の備蓄品の中にその子の「こだわりの一つ」を入れておきましょう。

実践！ ステップ6

園防災まるわかりBOOK

そのとき、その後の

心のケア

大災害を経験すると、大人でも心に大きな傷が残ります。
ましてや小さな子どもは、
地震に対しての充分な知識がないため、
大人が受けた衝撃よりもさらに大きい衝撃を受けています。
そんな子どもの心のケアをどうすればよいのでしょうか。
ステップ6では、被災後に保育者と保護者が
子どものために何ができるかを紹介します。
同時に、同じ被災者である保育者と保護者の心のケアも
忘れないようにしましょう。

グラグラ
先生の
近くにおいで
グラ
グラ

そのとき

子どもたちの不安をあおらない

そのとき、その後の…

**慌てず・騒がず・
大声を出さず
いつもの口調で
子どもたちを誘導しましょう**

災害時、保育者が一番気をつけなければならないことは、「慌てない・騒がない・大きな声を出さない」です。

保育者の表情や口調の変化は、子どもたちの不安をあおってしまいます。内心では焦っていても、落ち着いて指示を出したり、誘導したりしましょう。保育者が動揺すると、子どもたちにも伝わり、不安が増します。

なかには泣きじゃくる子、体が固まって動けなくなる子もいるでしょう。実際に大きな災害を経験すると、どんな反応を示すかわかりません。

保育者の落ち着いた行動で子どもの不安を、できる限り小さくしたいものです。

＊怖い・不安な気持ちを受け止める

災害時の子どもの恐怖と不安感は、大人が考える以上のものがあります。園にいる時間は保育者が母親として父親として、子どもたちの不安な気持ちをしっかり受け止めてあげましょう。

同時に、「だいじょうぶだからね」「そばにいるからね」などと声をかけ、動揺が激しい子はしっかり抱きしめてあげます。

子どもたちは、言葉で恐怖を伝えることができません。おとなしくて理解があるように見えても、じっと耐えていることもあります。そんな子たちにも心をくばり、声をかけたりして、気持ちをほぐしてあげましょう。

冷静に、冷静に

災害直後

被災直後のケアが大事

そのとき、その後の…

やらなければならないことが山積 それでも常に子どもをケアしましょう

被災した直後は、子どもの安否確認、ケガ人の救護、避難先の判断など、保育者の仕事は山積です。

そんな状況下であっても常に子どもの心のケアを忘れないようにしましょう。子どもたちの表情や行動を観察し、声かけや手をつなぐなど様々に対処することを心がけましょう。

早めの対処が、子どもの不安を軽くすることにつながります。

＊保育者もがんばりすぎない

まずは子どもの心のケアが大事ですが、保育者も被災者の一人です。やることが山積していても、保育者がダウンしてしまえば子どものケアもできません。体を休ませ無理しないことを心がけましょう。

被災したときの体験や気持ちを仲間同士で話すだけでも、気持ちの整理に役立ちます。感情を抑え込むと、心身に支障をきたします。おかしいと思ったら専門医に相談しましょう。

その後

安心できる環境で癒される

行動を見守り 子どもの行動を受け止め 気持ちを表に出す 手伝いをしましょう

災害後は、大人のそばを離れられないケースが多く見られます。そんなときは安心感を与えてあげることが大切です。

子どもとしっかり向かい合って、スキンシップをとりながら「もう、だいじょうぶだからね」「もうこれ以上怖いことは起きないよ」などと、くり返し声をかけましょう。

あそびの中で災害時のシーンをくり返す子もいます。自分が経験したことを再現して、自分の心と向き合っているのかもしれません。そばで見守ってあげましょう。

決してそんなことはだめだよと叱らずに、「これはどんな状況なの？」とやさしく聞いて話を受け止めてあげることが大切です。気持ちを出すことができれば徐々に子どもたちは落ち着いていきます。

＊園でも家庭でもSOSサインを見逃さない

園の様子と家庭での様子が同じとは限りません。保護者にも家庭での様子を聞きましょう。災害後は、特に子どもの様子に変化がないか、園と家庭でしっかりと観察し、SOSを見逃さないようにしましょう。

保護者にPTSD（心的外傷後ストレス障害）の知識がない人もいますので、情報を伝えることも大切です。

そのとき、その後の…

その後

心の傷を表す退行現象

「あっ、これは？」と思ったら感情表現ができるような言葉かけをしましょう

災害で心の傷を負った子どもたちには、指しゃぶりやおねしょをするようになったり、保護者や保育者にまとわりついてはなれなくなったりなど、「退行現象」が表れます。これに気づいたときには、速やかに専門医に相談しましょう。

なかには忙しくしている大人の邪魔をしてはいけないと、言葉数が減って、身じろぎもせず感情を表現できなくなる子もいます。やさしく抱きしめて「泣いてもいいんだよ」と声をかけたり、お絵描きや粘土あそびをしたりなど気持ちをぶつけられる場をつくりましょう。

PTSDが疑われる幼児の症状

被災直後には、不眠・食欲不振・頭痛・下痢などの症状のほか、赤ちゃん返り・悪夢を見る・イライラするなどの症状が表れます。このほかフラッシュバックを体験したり、集中力が低下したりします。以下のような症状に気をつけましょう。

- □夜中に目を覚ます
- □トイレのしつけがうまくいかない
- □赤ちゃん返りが見られる
- □大きな音に驚く
- □世話をする人にまとわりつく
- □急に体を硬くする
- □体験した出来事をくり返し話す
- □ぐずったり、泣きわめくなど扱いにくくなる
- □無言になる
- □表情が乏しくなる
- □体験を再現するようなあそびに友だちを巻き込む
- □元気がなくなり、今までのようにあそばない
- □眠ることや夜一人になるのを怖がる
- □体の痛みや具合の悪さを訴えて診察を受けても異常がない
- □物事を思い通りにしたがる
- □季節や祝祭日が引き金になって記念日反応が起きる

※記念日反応とは……衝撃的な出来事の１年後、その報道などに反応する症状。忘れかけていたことを思い出し、気分が滅入ったり、怒りがこみ上げてきたり、眠れなくなったりします。

参考資料：一般社団法人　日本小児科医会

PTSDとは

PTSD（心的外傷後ストレス障害）は、災害・事故などで受けた強烈な衝撃やストレスで心に深い傷を負う精神的な後遺症のことです。

ステップ 6 心のケア

その後

保護者の元気が子どもを救う

子どもが一番頼りにしている保護者の心のケアを忘れないようにしましょう

子どもの心のケアを考えるとき、保護者の協力は欠かせません。

しかし、時間が経過するにつれて、保護者もストレスと疲労が重なってケアを必要としている場合があります。「家のことで手いっぱいで何もしてあげられなくて、子どもがかわいそうで……」と、自分自身を追いつめてしまう保護者もいます。また、やらなくてはならないことが多く、気づかぬうちに重症化するケースもあります。

子どもの心のケアには、保護者の心のケアも欠かせません。定期的に園で保護者同士が話し合える機会をつくりましょう。

そこでお互いの被災体験や困っていることを聞き合いながら、気持ちを言葉にしたりすることで、少しずつ前向きな気持ちになっていきます。

＊「がんばって！」は禁句

元気がない保護者を励まそうと、「がんばってくださいね」と言いがちですが、逆効果になります。

とにかく保護者の被災体験を聞き、共感することが大切です。いつでも相談相手になること、いつでも連絡してきてほしいことを伝え、安心してもらいましょう。

その後

被災後を左右する 生活体験

そのとき、その後の…

どんな状況下でも生き抜く強い心を育みましょう

災害に遭遇して惨状を目の当たりにしたとき、その後の喪失感、恐怖心は計り知れないものがあります。それらを克服し、乗り越えていくためには、大人もそうですが、子どももそれまでにどのような体験をしてきたかが大きく影響すると感じています。

衝撃を受けて傷ついた心を癒すためには、子どもが求めるときはできるだけそばにいてあげることや、辛いことを忘れて集中できるようなプログラムを考えること、早期に心理士などの専門家によるカウンセリングを受けさせることなどの取り組みが求められます。

このようなまわりのケアと同時に重要なのが、子ども自身の回復力を高める日ごろからの取り組みです。心を閉ざすことなく、大きな不安や深い悲しみと向き合い、自分自身で立ち上がるために精神面を強くする必要があるのです。そのためには、ときには不自由な生活を体験することも大切です。子どもは体験のすべてを楽しさやおもしろさに変換することができ、そういう経験が生きる力につながっていきます。

＊野外体験で強い心を育てる

キャンプなどの野外生活で、「外で寝る」経験をしたことのある子どもは体育館の避難所で寝ることに対して抵抗感も少なく対応力があるようです。しかし、ふかふかの布団でしか寝たことのない子どもは、抵抗感から気持ちも高ぶって眠りが浅く、寝不足のために1日中ぼんやりして、何事にも無気力になりがちです。

キャンプ場では、和式トイレしかないところやきれいなトイレばかりとも限りません。どのようなトイレでも使用できるようになれば災害時仮設トイレで困ることはありません。災害だけでなく、人生で起こりうる困難を乗り越えるためにも、保育の中でも様々な体験をさせてあげたいものです。

その後

出前保育で心をつなぐ

そのとき、その後の…

長期間にわたっての休園 その間、何ができるかを考えましょう

被災後、避難所の生活を余儀なくされる子どもたちがいます。大勢の人たちと一緒に過ごす空間では、思い切りあそぶこともできないでしょう。そうしたストレスが溜まらないように、保育者が避難所を訪ねることも一案です。避難所の外で縄跳びやオニごっこをして体を動かしたり、木陰で絵本の読み聞かせをしたり……。

　自分の園の子たちだけでなく、避難所にいる子どもたちも誘えば、園の子どもたちに新しい友だちもできます。こうした取り組みをした園では、通常の保育に戻ったとき、子どもと保育者の関係をスムースに取り戻せたそうです。

＊ラジオを活用する

　災害時には、どこにいても情報を入手できるラジオが大活躍します。

　ラジオに子どもの喜ぶ歌や話をリクエストしたり、可能ならばラジオ局の協力を得て、子どもたちが好きな番組に出演して子どもを元気づけましょう。

その後

焦らず ゆっくりと 見守る

そのとき、その後の…

もう、だいじょうぶ？
うん

やっと保育を再スタート！ 時間をかけて心を癒していきましょう

東日本大震災後に再開したある園では、ささいなことですぐに泣き出したり、暗いところを怖がったり、赤ちゃん返りをする子が目立ったそうです。そこでその園では、登園時に、子どもが納得するまで保護者に帰るのを待ってもらいました。

保護者は、復旧活動や自宅のかたづけなどで忙しい時期でしたが、子どもたちの心の傷を少しでも早く癒してあげるためにと、協力してもらったそうです。

子どもの症状が軽いうちに、保護者と協力してしっかり手をかけ、焦らないで見守っていきましょう。

＊園の友だちが亡くなったら

再スタートといっても、これまでとまったく同じ環境や状況というわけにはいかないでしょう。

友だちが亡くなっているということも考えられます。

そんなときは「友だちのことを忘れないことが供養になる」ということを伝え、悲しみを共有しお花を植えて大切に育てるなどの向き合い方を伝えていきましょう。

いつまでも
忘れないよ

その後

避難所で役立つ伝承あそび

そのとき、その後の…

場所をとらないあやとり、指あそびがおすすめです

＊一人でも複数人でもできる「あやとり」

保護者を待つ間や避難所での生活は不安が大きいものです。少しでも不安を和らげ、怖いことを忘れさせるあそびは大切です。しかし、余震やがれきがある中ではあそぶこともままなりません。

そんなとき、日本の伝承あそびが役に立ちます。なかでも「あやとり」は広い場所を必要とせず、身近にあるひもであそべるのでおすすめです。1本のひもでほうきを作ったり、はしごから東京タワーへと続く連続技をしたり、1人でも複数人でもあそぶことができます。

また、伝承あそびは大人も知っているので、避難所のお年寄りと一緒にあそべるのも利点です。お年寄りとの交流が、子どもたちに安心感を与えてくれるでしょう。

日ごろの保育の中でも、降園時に保護者を待っているとき、あやとりをしながら待つようにすれば、避難したときでも様々な形を作って気を紛らわせることができます。防災備品の中にも「あやとり」のひもを入れておきましょう。

＊感情のバランスを取り戻す手あそび歌

昔から歌い継がれてきた歌をうたいながらの手あそびは、手を使って五感（触覚）が刺激されるため、心に安定が生まれると言われています。また、年齢を問わず、道具も必要ないので被災時にはとても適したあそびです。

代表的なのは、「ずいずいずっころばし」「茶摘み」「アルプス一万尺」「お寺の和尚さん」「ミカンの花咲く丘」などです。

相手の手に手を合わせたり、集中してゲーム感覚であそべるので、悲しみや怖さをひとときでも忘れることができます。

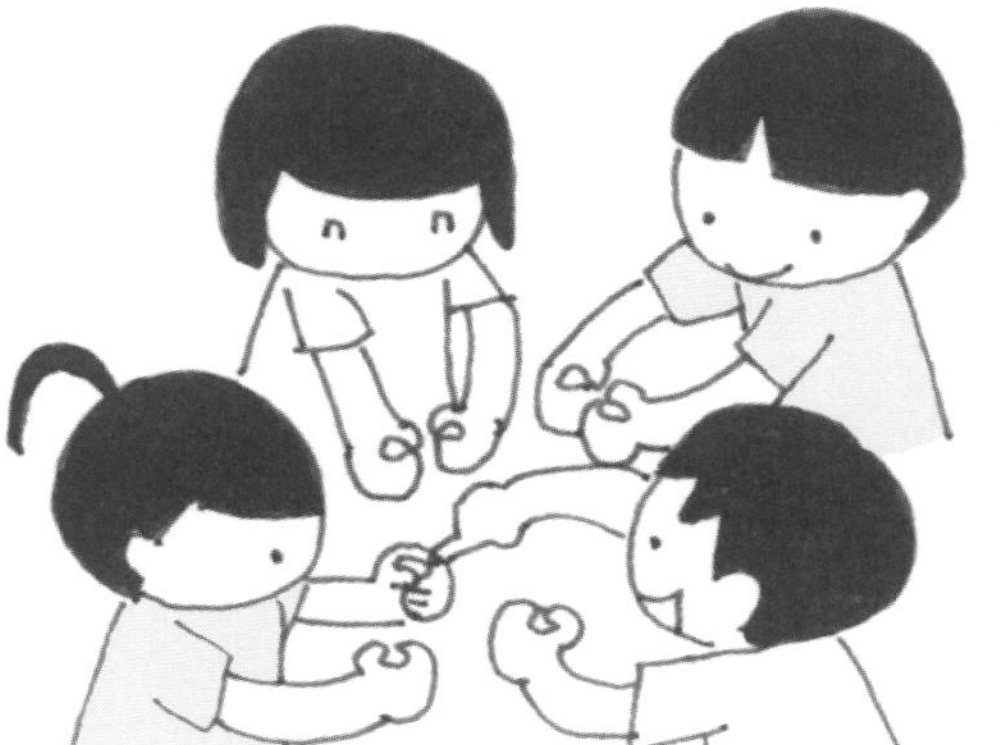

実践！

ステップ 7

園防災まるわかり BOOK

災害に強い園に なるために

知っておこう！

保育者や保護者は、自分のことだけでなく
子どもたちを心身ともに守ることが
大きな役目なのは言うまでもありません。
そのためにも、日ごろから災害が
起こることを想定し、
備えておくことが大切です。
最終ステップは、災害に強い園になるための
マニュアル作りや、
被災後に園を運営するための備え、
そして備蓄品について紹介します。

ルール&チェック

時系列でわかりやすいマニュアルの作成

既成のマニュアルから独自の防災マニュアルに発展させましょう

子どもの安否はどの時点で確認できるかしら
揺れはどれくらい続くかしら？
この地域で想定されている最大震度は6強ですね

マニュアルの作り方

1 目黒巻を作成
・訓練で実際の動きを確認
・マニュアル案を作成

2 条件を変えて目黒巻を作成
・訓練で実際の動きを確認
・訓練後に目黒巻を見ながら、必要な情報、物資、留意点などを整理する

3 マニュアルに落とし込む
振り返りの結果を受けて、マニュアルを完成

4 マニュアルを改訂
職員数や保育環境が変わるたびに①～③をくり返してマニュアルを改訂していく

＊誰のためのマニュアルかを意識する

「防災マニュアル」と聞くだけで抵抗感を抱く方もいるかもしれません。そもそもマニュアルは誰のためにあるのかといえば、まさに保育者のためです。災害時に個人としてどのような行動をとればいいのか、自分が思っている行動が正しいのかを確認するためのツール（道具）の一つです。ですから、「防災マニュアル」はこうでなくてはならないというきまりはありません。

それを読む保育者が、「これなら具体的で読みやすい」と思えるものに変えてみてはいかがでしょう。立地、建物、人数、災害特性など一つとして同じ園は存在しませんから、マニュアルもオリジナルになって当然なのです。

＊マニュアル作成支援ツールの活用

マニュアルには、行動項目を記載していても、どの時点で何をするのかという時間軸の要素が薄いために行動をイメージしにくい点があります。災害時に役立つマニュアルを作るには、発災から10秒後、1分後と時系列で全職員の行動を確認します。このとき「目黒巻」（東京大学生産技術研究所の目黒公郎教授考案）を活用すると、訓練後の話し合いも整理して進めることができます。

知っておこう！

ルール&チェック

自分の行動をイメージして記入

災害発生時を想定し時間軸で行動を見える化しましょう

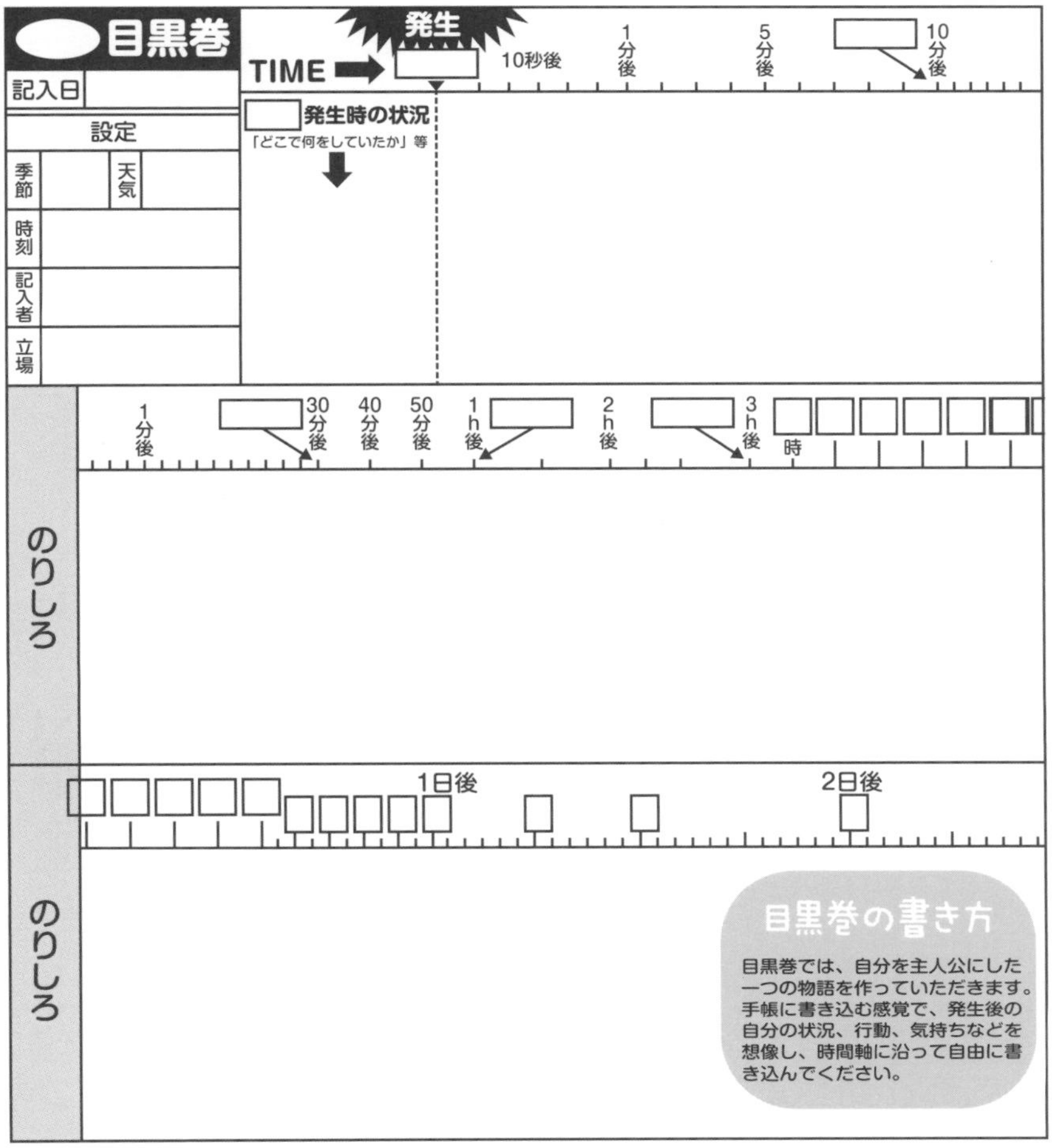

目黒巻
TIME
発生
10秒後
1分後
5分後
10分後
記入日
設定
季節
天気
時刻
記入者
立場
発生時の状況
「どこで何をしていたか」等
30分後
40分後
50分後
1h後
2h後
3h後
時
のりしろ
1日後
2日後
のりしろ
目黒巻の書き方
目黒巻では、自分を主人公にした一つの物語を作っていただきます。手帳に書き込む感覚で、発生後の自分の状況、行動、気持ちなどを想像し、時間軸に沿って自由に書き込んでください。

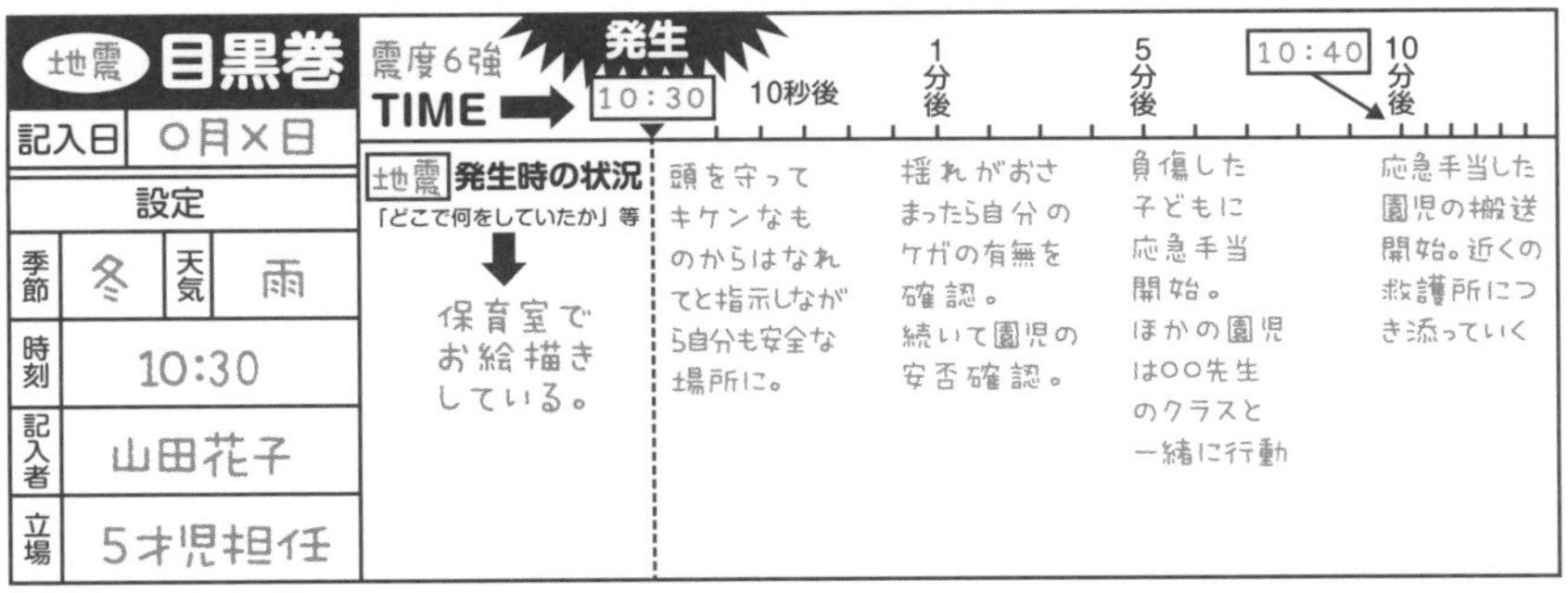

地震 目黒巻
震度6強
TIME
発生
10:30
10秒後
1分後
5分後
10:40
10分後
記入日 ○月×日
設定
季節 冬
天気 雨
時刻 10:30
記入者 山田花子
立場 5才児担任
地震 発生時の状況
「どこで何をしていたか」等
保育室でお絵描きしている。
頭を守ってキケンなものからはなれてと指示しながら自分も安全な場所に。
揺れがおさまったら自分のケガの有無を確認。続いて園児の安否確認。
負傷した子どもに応急手当開始。ほかの園児は○○先生のクラスと一緒に行動
応急手当した園児の搬送開始。近くの救護所につき添っていく

自分を主人公として災害時の行動をイメージしてみましょう。季節や天候や場所に応じて自分の行動を具体的にイメージしながら記入することで、自分の考え方や行動を見直すことにもなります。また、職員全員が記入して職員間の異なる行動イメージをすり合わせてみましょう。

例えば、条件を同じにしても記入者によって動きが違う場合もあります。同じ時間の行動も職員の考え方によって違うはずです。全員で疑問点や問題点の洗い出しをして理想とする行動を決めたら園のマニュアルに反映させます。条件を変えてくり返し目黒巻を実施することで、災害状況をイメージする力を高めることができます。

ルール&チェック

避難所になったら

もしも園が避難所になったら……避難者の受け入れ方を話し合っておきましょう

＊避難者が来る想定の準備

「あなたの園は避難所になりますか?」と聞いたら、どれくらいの保育者が「はい」と答えるでしょうか?

地域の避難所に指定されていなければ、「避難所」にならないと思っている方も少なくないと思います。しかし、指定された避難所がいっぱいで収容しきれない、損壊して機能を失った場合などの代替え施設として、地域の方が園に避難してくる可能性は少なくありません。準備も心構えもない状況で対応すれば混乱のもとです。「避難所になるかも」という想定で準備をしておけば安心です。

Point 自治体の窓口と相談すべきこと

相談は、自分の園だけで行くのではなく、課題を共有する地域のほかの園や所属する団体でまとまって行きましょう。

避難者が突然やって来た場合

- 自治体の担当者名と、災害時の連絡方法
- 受け入れ方法（園舎に入ってもらうのか？ 自治体との連絡がとれるまで園庭で待機してもらうのか？）
- 物資の配給はあるのか？（毛布・食料・水・トイレなど）
- 避難所運営の基本（自治体職員の派遣の有無・リーダーの選任方法・生活ルール・鍵の管理など）
- 起こりがちなトラブルと対処方法
- 園再開時の手続き

自治体から避難所となるよう依頼があったとき

- 受け入れの優先順位（小さな子どものいる世帯などに限定するかなど）
- 保育業務と並行する場合のスペースの使い方
- 園が貸し出す設備・備品について（ヒーター・給食室・調理器具など）
- 避難者名簿の作成
- 受け入れ時期や期間
- 自治体職員の派遣の有無
- 必要な備品整備や園舎の耐震工事のための補助制度
- 避難者の生活環境を整える方法（間仕切り・畳敷き・ゴミ処理の仕方・保健衛生対策・相談窓口の設置など）
- ボランティア・救援物資の受け入れ方法

＊受け入れの際に園が考えるべきこと

- 職員の勤務体制や食事確保
- 園の備品の無断使用や貴重品の盗難に対する防犯対策
- 避難所運営者と職員の役割分担
- 避難所運営会議への参加
- 保護者からの理解・協力を得る方法
- 園の再開について

受け入れられない場合は……

建物の損壊や、園の再開を優先したいなどの理由で、避難者を受け入れられないときには、ていねいな説明を心がけましょう。代わりの施設を探すなどできる限りの協力をすることも大切です。このときの態度がのちの経営や子どもたちの見守り体制に影響することもありますので、地域の一員であることを忘れず親切な対応を心がけましょう。

知っておこう！

ルール&チェック

1日も早い再開を目指して

子どもや保護者のためにも 1日も早く園を再開するための準備をしましょう

保育施設再開は被災地全体の復興の最前線です。

生活再建のために早く働きたいと願っても、子どもを預ける場所がなければ保護者の就労の再開も遅れ、事業所も人員確保ができず事業再開にも支障が出ます。

子どもの心のケアのためにも、被災前の日常に近い生活を一日も早く取り戻すことが求められます。

＊園再開までの流れ

建物や設備の損壊状況で再開の時期は大きく変わります。またライフラインが止まっていたり、職員も被災していたりして保育時間の短縮が必要になるかもしれません。全日保育が可能になるまでの計画をイメージして、できる限りの準備をしておきましょう。

1 建物、設備の被害状況の確認

2 建物の損壊

＊建物の損壊がある場合
補修・建て替え・仮設園舎の計画。自治体の助成・支援制度の相談

＊建物の損壊がない場合
掃除や壊れた備品の買い替え

3 ライフライン復旧までに必要な設備の調達
（照明・暖房・調理・発電機・燃料など）

4 給食再開の準備
（水・食材・燃料の確保・関係機関・業者との協議）

5 子どもとその家族の被災状況や今後の希望の聞き取り

6 職員の被災状況や今後の就労についての聞き取り

7 周辺道路の安全確認

8 心のケアプログラムを含む、今後の保育計画の策定

9 再開日を決定し、保護者や自治体、関係機関に周知する

10 心理カウンセラー・保健師などの派遣を依頼する

ルール＆チェック

「食」の重要性について考える

食べることは生きること
災害時の食の備えを万全にしましょう

災害時の給食提供で実際にあった困りごと

野菜をはじめとした生鮮食品が不足した

ガソリン・灯油が途絶え
あらゆる物流が
止まってしまった

大きな余震が
続いたため、
園舎の軒先での
調理が続いた

食材をかき集めるために
職員が手分けして、
あちらこちらを走りまわった

使い捨ての食器は便利だが、
ゴミが大量に発生し、
あと始末も大きな負担だった

発電機は備蓄していたが、
消費電力の問題で200V用の
冷蔵庫が機能せず食材を傷ませてしまった

納入価格が比較的安くて、
日ごろは頼りにしていた
遠隔地の業者からの食糧供給は
滞ってしまい、
結局、地元の業者に助けてもらった

＊園再開までの流れ

園での食は「災害時の保護者引き取りまでの間」と「再開時の給食提供」に分けて準備します。

多くの園では、被災直後を意識して食料を備蓄していますが、P68の「預かり備蓄システム」を参考にして、そこには費用をあまりかけず、「再開時の給食提供」に重点を置きましょう。給食を提供できないことで、保育時間の短縮を余儀なくされるなど、園の日常を取り戻すための大きなハードルになります。マニュアルにも災害時にどのようにして食を提供するのかを、できるだけ具体的に盛り込みましょう。

知っておこう！

ルール＆チェック

給食提供のための事前準備

いざというときに困らぬよう給食用備蓄の予算を確保し、防災計画や訓練にも災害時の給食提供を明確に位置づけましょう。給食再開時には、食中毒などがけっして起こらないよう、保健所に衛生面の検査を依頼することなども計画に盛り込み、外部との連携体制を強化しておきます。

外部関係者との連携

Q 誰とどんなことを打ち合わせるの？

●食材、水、熱源等の確保

…▶ 自治体の所轄窓口、食材納入業者、地元生産者

●食材、調理食品の衛生管理・設備の衛生面の点検、検査

…▶ 保健所・保健センター

●調理業務に携わる人員の派遣

…▶ 栄養士会

●災害時の給食提供のマニュアル作成支援

…▶ 保健所・保健センター

●関係機関との連携体制の整備

…▶ 保健所・保健センター

※そのほか、ボランティアセンター（社会福祉協議会）や給食センター

給食の早期再開に必要な備蓄と対策

1. 調理室の被害軽減対策
2. 非常用設備 …… 発電機・水・浄水器・カセットコンロ・炊き出し用釜・プロパンガス・炭・井戸・燃料など
3. 災害時の給食提供マニュアル、献立表の作成

こんなところがポイント！

- 非常用熱源はどうするか
- 食材や容器の保管場所は？
- 調理器具や食材、手の洗浄方法
- 調理担当者の役割分担
- 調理工程の効率化
- 配膳方法

4. 給食用備蓄品の整備 ― 主食・副食・飲料水・調理用水・洗浄用水・調理器具・食器。
   ※調理器具や食器類はガラスが割れたり、粉じんによって使えなくなるケースがあることも忘れずに！
5. ゴミの廃棄方法の確認
6. 給食提供訓練の実施

知っておこう！

ルール＆チェック

「流通備蓄」という考え方

非常食に頼らずふだんの食材を多めに備蓄「流通備蓄」で費用・運用の負担を軽減する

被災後すぐに食事を提供できるように食事のための備蓄は最低でも1週間分を用意しておくことが求められます。このとき問題となる収納場所や賞味期限の課題をクリアし、費用負担も軽減する方法として「流通備蓄」という考え方があります。

日ごろから食材を多めにストックし、消費したら買い足して常に1週間分の余裕があるようにするのです。いつもの食材を増やすだけですから特別な場所も必要なく、古いものから消費するので賞味期限の心配もなく、日常の食材なので費用面の負担も減らせます。水はかさばるので一定の量を確保したら、あとは近くの川や沢、井戸の水を浄水器で飲み水に変えて使うという柔軟な発想で備えるのも一案です。

「流通備蓄」する食材

冷蔵庫保存

- **練り製品**
- **豆腐**
- **納豆**
- **チーズ**など

そのまま食べられるので便利で安心です！

常温保存

- 主食
  ……**米（無洗米）・餅・麺類**
- おかず
  ……**レトルト食品（カレーや中華丼、牛丼）、惣菜の缶詰**
- フルーツ
  ……**フルーツ缶詰・野菜ジュース・フリーズドライの野菜・ドライフルーツ**
- おやつ
- 乾物
  ……**海苔や煮干し・ワカメ・干しシイタケ・ひじき・高野豆腐**
- 漬物・佃煮
- 調味料
  ……**塩コショウ・カレー粉・七味・醤油・味噌・ソース**

空腹感を満たし元気づけてくれるために重要！

ゆで時間の短いもの

被災生活ではビタミン、ミネラル、食物繊維が不足して、便秘や風邪など体調を崩しやすくなるので重要です

何かと重宝！

栄養価も高いのでおかずが少ないときはそのままご飯に混ぜて食べるのもおすすめです

ストック食材の使用順

冷蔵庫の電源が切れた！

傷みやすい食材を冷凍庫に移動

傷みやすい生野菜やハム、チーズなどを使ってまずはサンドイッチを作ってみましょう。調理に時間がかかるおにぎりよりも、栄養バランスも良くて災害時にはぴったりです。

冷凍庫から自然解凍して食べられる食材を冷蔵庫に移す

冷蔵庫に移して自然解凍させれば、庫内の保冷剤にもなります。

肉や魚は火を通す

そのままでは食べきれない場合は、味噌汁や鍋、麺類の具材として使い、できるだけ冷蔵庫のものを食べきるようにしましょう。

知っておこう!

ルール&チェック

ふだんからできることを考える

災害時の献立をシミュレーションする習慣を!

いくら食材を備蓄しておいても、その中でメニューが組めなければ意味がありません。そこで、通常の献立の素材で災害時の裏メニューを考える習慣をもちましょう。

たとえば麻婆豆腐の素材は、災害時は豆腐に刻んだネギをのせて冷やっこに。ひき肉はケチャップで軽く炒めてご飯にかけるという簡単料理に変換させることができます。災害時にはその日調達できた素材で即席のメニューを作る応用力も求められます。

訓練では非常食を食べる体験に加えて、限られた条件での調理もおこなってみましょう。やってみると、包丁ではなく調理ばさみを使用したり、まな板の代わりに牛乳パックを使用するなど、水を使えない場合の調理のアイデアも思いつくことでしょう。

災害時の調理のポイント

●水不足に備えて

味つけは薄めに。水が飲みたくなる辛いものや、濃い味つけは避けましょう。

●調理員の不足に備えて

できるだけ作業工程の少ない献立と、作業の効率化を考えましょう。

●燃料不足に備えて

熱を通しやすいよう材料を細かく切る。調理時間の短縮にもつながります。

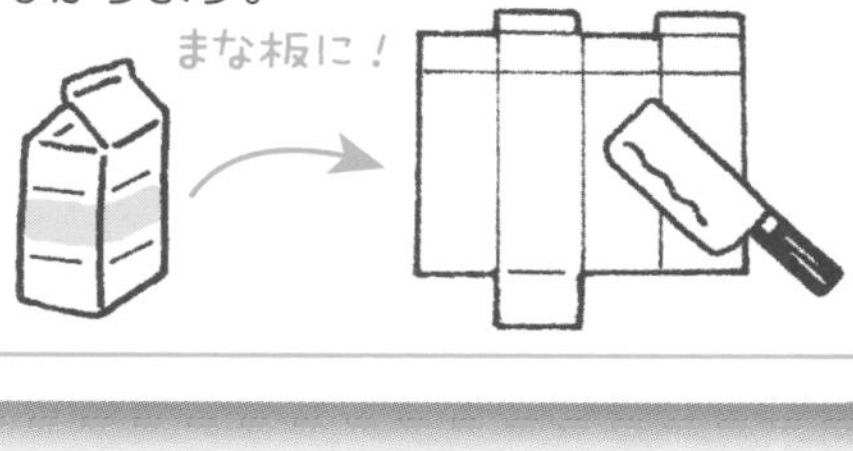

*忘れないで歯の衛生

被災生活では食事時間、回数が不規則になり水が充分に得られない状況で、歯磨きがおろそかになりがちですが、乳歯が虫歯になると歯茎を傷め永久歯にも影響を与えるため、子どもたちの歯はしっかりと守りたいものです。歯磨きシート、ぬらしたガーゼ、液体歯磨きなどを用意して、断水時でも歯磨きができるようにしておきましょう。

著者紹介

国崎 信江《くにざき のぶえ》

横浜市生まれ。危機管理アドバイザー。

危機管理教育研究所代表。女性として、生活者の視点で防災・防犯・事故防止対策を提唱している。地震調査研究推進本部政策委員会、防災科学技術委員会などの国や自治体の防災関連の委員を務める。現在は講演活動を中心にテレビや新聞などのメディアに情報提供をおこなっているほか、被災地での支援活動を発生直後から継続しておこなっている。

主な著書に『決定版！巨大地震から子どもを守る５０の方法』（ブロンズ新社）、『サバイバルブック― 大地震発生その時どうする？』（日本経済新聞出版社）、『マンション・地震に備えた暮らし方』（つなぐネットコミュニケーションズ）などがある。

http://www.kunizakinobue.com/

実践！ 園防災まるわかりBOOK

2014年7月1日　初版発行©
2023年1月10日　6刷発行

著者　国崎信江
発行人　竹井 亮
発行・発売　株式会社メイト
〒114-0023　東京都北区滝野川7－46－1
TEL：03-5974-1700（代）
製版・印刷　光栄印刷株式会社

● STAFF
装丁・本文デザイン
前村佳恵

イラスト
みや れいこ
寺平京子（スタートライン）
田中瑛子

マップ
正木かおり

編集協力
佐々木美幸（株式会社ゆいプランニング）

編集
小林佳美